Emma und der
Pony-Klub

DK | Penguin Random House

Programmleitung Monika Schlitzer
Redaktionsleitung Martina Glöde
Projektbetreuung Corinna Hartung, Christian Noß, Nadine Matheiowetz
Herstellungsleitung Dorothee Whittaker
Herstellungskoordination Katharina Dürmeier, Bianca Isack, Bettina Bähnsch
Herstellung Sophie Schiela, Evely Xie, Christine Rühmer
Umschlaggestaltung Sonja Gagel

Titel der englischen Originalausgabe:
Pony Club

Text Patricia J. Murphy
Übersetzung Susan Niessen
Lektorat Linda Sturm

ISBN 978-3-8310-4495-5
Druck und Bindung TBB, a.s., Slowakei

MIX
Aus verantwortungs-
vollen Quellen
FSC
www.fsc.org   FSC® C022120

www.dk-verlag.de

Inhalt

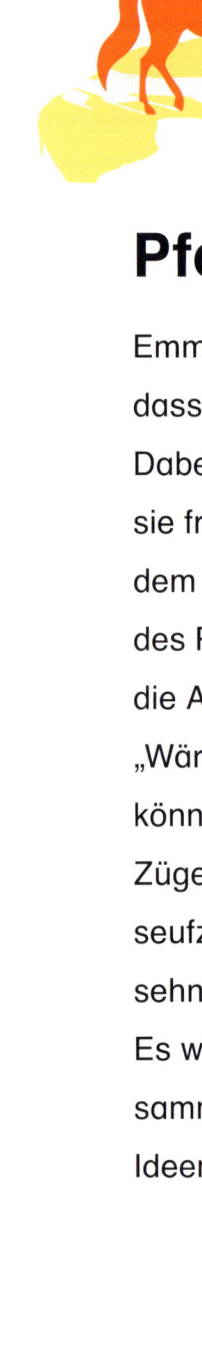

Pferdeträume

Emma saß in der Backstube und wartete darauf, dass ihre frisch gebackenen Muffins abkühlten. Dabei malte sie an dem Pferdebild weiter, das sie früher am Nachmittag begonnen hatte. Mit dem dunkelbraunen Stift malte sie den Körper des Pferdes aus, mit dem schwarzen die Mähne, die Augen und den Schweif.

„Wärst du doch bloß ein echtes Pferd! Dann könnte ich dich reiten, bis mein Sattel und meine Zügel wie Kekse zerkrümeln würden." Emma seufzte. Sie betrachtete ihr Bild noch einmal sehnsüchtig und schloss dann ihr Notizbuch. Es war ein ganz besonderes Notizbuch. Darin sammelte Emma all ihre Gedanken und Gefühle, Ideen, Rezepte und Zeichnungen.

In diesem Buch machte sie sich Notizen über Pferderassen und schrieb auf, wie sie Wildpferden helfen konnte. Hier klebte sie ihre Lieblingsbilder aus der Zeitschrift *Mein Pferd* ein. Zwischen den Seiten steckten überall Flugblätter, Broschüren und Postkarten von Ställen, Reitschulen und Turnieren in der näheren Umgebung. Und in dieses Notizbuch schrieb Emma ihre Pferdeträume.

Seit sie gemeinsam auf ihren Steckenpferden geritten waren – und später manchmal im Urlaub auf echten Ponys –, träumten Emma und ihre ältere Schwester Amanda davon, eines Tages in einer Pferdeschau aufzutreten und jede Menge Preise zu gewinnen.

„Ich würde uns auf den Platz führen", sagte Amanda oft, „und tolle Kunststücke zeigen – und du wärst meine Assistentin."

Dann verdrehte Emma die Augen und sagte: „Ich glaube, dass *ich* die Kunststücke zeigen würde, und *du* wärst meine Assistentin. Und ich würde einen Preis für meine unglaublichen Reitkünste bekommen." Aber eigentlich war Emma klar, dass sie immer nur Amandas Assistentin sein würde. Und das war auch okay für sie. Amanda war nun mal ihre große Schwester.

Wenigstens konnte sie in diesem Schuljahr endlich auch dem Pony-Klub ihrer Schule beitreten, in dem Amanda die Klub-Vorsitzende war. Damit kam sie der Verwirklichung ihres Pferdetraums etwas näher. Ihre Lieblingslehrerin Frau Bauer hatte den Klub gegründet.

Schwarzes Brett

Pony-Klub
Treffen: mittwochs
16.30 Uhr
in Raum 7

Leider hatte der Pony-Klub im letzten Jahr nicht viel bewegen können, denn es fehlte an Zeit und Geld. Sie hatten sich mit ihren Lieblings-Pferderassen beschäftigt und eine erfolglose Pferdemesse veranstaltet. Sie hatten überlegt, für welches Wildpferde-Schutzgebiet sie Spenden sammeln sollten, und beschlossen, dass sie einmal an einem Reitercamp teilnehmen wollten. Mehr nicht.

Das wollte Emma ändern! Jemand musste da mal die Zügel in die Hand nehmen, damit es voranging.

„Vielleicht kann ich ein bisschen Schwung in die Bude bringen", murmelte Emma. Sie stellte den Pfeffer beiseite, mit dem sie ihren Rotkäppchen-Muffins eine besondere Note verliehen hatte. Das richtige Rezept für den Pony-Klub brauchte keine scharfen Gewürze, sondern gute Ideen!

Doch jetzt war es erst mal Zeit heimzugehen. Für heute hatte Emma genug gearbeitet. Amanda und sie halfen oft in der Bäckerei ihrer Eltern, die *Süße Träume* hieß, und besserten damit ihr Taschengeld auf.

Emma brachte ihre Rotkäppchen-Muffins nach vorn in den Verkaufsraum und ging nach Hause. Dort sprang sie unter die Dusche und zog sich anschließend in ihr Zimmer zurück.

Als Erstes erledigte sie ihre Hausaufgaben. Zum Glück waren es am ersten Schultag nach den Ferien noch nicht viele: zehn Mathe-Aufgaben, zwei Kapitel in dem Buch *Velvet, das Mädchen mit dem Pferd* lesen (dieses Buch las Emma schon zum dritten Mal!) und eine Anleitung zum Verzieren von Muffins schreiben.

Nachdem Emma das Rezept für ihre liebste Muffin-Verzierung (Zuckerguss mit Frischkäse) zu Papier gebracht hatte, zog sie ihr Notizbuch aus der Tasche. Jetzt wollte sie Ideen für ihr erstes Pony-Klub-Treffen nächste Woche sammeln.

Sie blätterte auf der Suche nach einer leeren Seite durch ihr Notizbuch. Da fiel ein Zettel heraus und landete auf ihren Pony-Hausschuhen. Es war ein Infoblatt vom *Reiterhof Weideglück.*

Reiterhof Weideglück

Pensionsstall und Reitschule

Grüner Weg 77, 55555 Rossheide

Hier werden deine Pferdeträume wahr!

Inmitten von mehr als 50 Hektar Weideland, Reitwegen und Feldern befindet sich unser Hof – die erste Adresse für Reitunterricht, Pferdeausbildung, Turniere, Pensionsboxen und mehr! Wir bieten eine Reithalle und Außenplätze, ausgezeichnete Ausbilder und erstklassige Schulpferde.

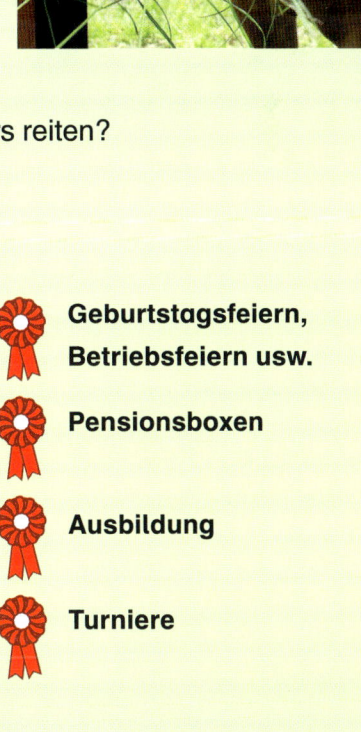

Willst du wirklich noch woanders reiten? Worauf wartest du noch?

Hier ist unser Angebot:

 **Einzelunterricht**
Für Anfänger und Fortgeschrittene

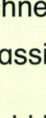 **Gruppenunterricht**
Für Anfänger und Fortgeschrittene

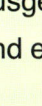 **Schulklassen**

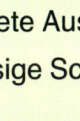 **Geburtstagsfeiern, Betriebsfeiern usw.**

 **Pensionsboxen**

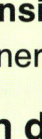 **Ausbildung**

Turniere

„Hier werden deine Pferdeträume wahr!",
wiederholte Emma. Sie tippte die Internetadresse
in den Computer ein und überflog die Webseite.
Sie las etwas zur Geschichte des Hofs, über den
Unterricht und Ferienkurse. Dann fiel ihr Blick auf
ein Werbebanner, das quer über die Seite lief:

Noch Plätze frei!
Reiterferien
auf Reiterhof Weideglück
vom 26. bis 31. Dezember

Emma wurde so schwindelig vor Aufregung,
dass sie fast vom Stuhl fiel.
„Das ist es!"
Eilig druckte Emma die Informationen über
die Reiterferien aus. In der Schule konnte
sie Kopien davon machen und ihre Idee
beim Pony-Klub-Treffen vorstellen.

Emma wusste, dass bei *Süße Träume* in den
Ferien immer schrecklich viel zu tun war, aber
von den Weihnachtsfeiertagen bis Silvester war
die Bäckerei geschlossen. Perfekt!
„Im Leben und beim Backen kommt es auf den
richtigen Zeitpunkt an!", sagte ihre Mutter immer,
wenn etwas genau im richtigen Moment passierte.
Emma blätterte zu dem Pferdebild zurück, das
sie heute Nachmittag gemalt hatte. Sie zeichnete
Amanda und sich selbst auf den Rücken des
braunen Pferdes.
„Vielleicht ist der Zeitpunkt endlich gekommen",
flüsterte sie, „an dem unsere Pferdeträume
wahr werden."

?
Welche Vorschläge würdest
du machen, wenn du in einem
Pony-Klub wärst?

Kennst du dein Pferd?

Diese Körperteile solltest du kennen,
wenn du ein Pferd richtig pflegen,
satteln und reiten willst.

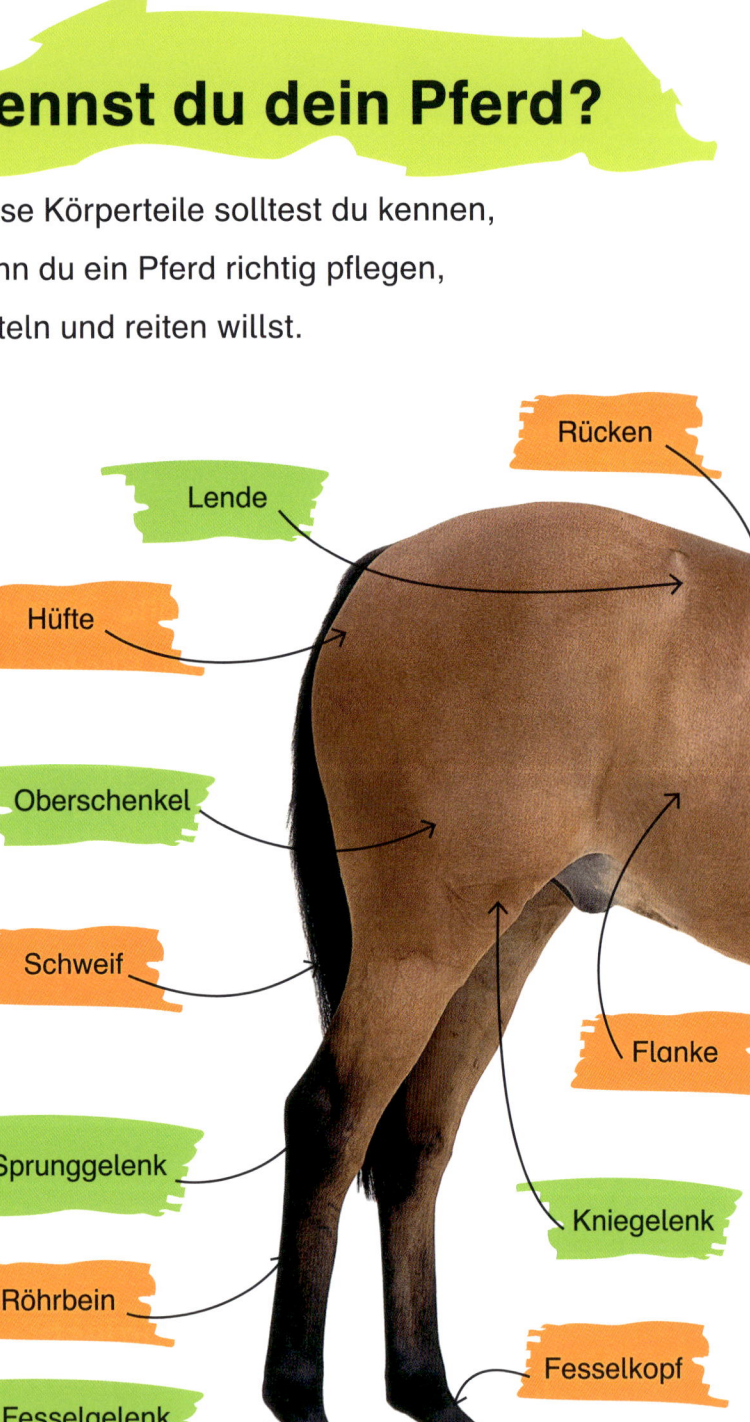

Rücken

Lende

Hüfte

Oberschenkel

Schweif

Sprunggelenk

Röhrbein

Fesselgelenk

Huf

Flanke

Kniegelenk

Fesselkopf

Krone

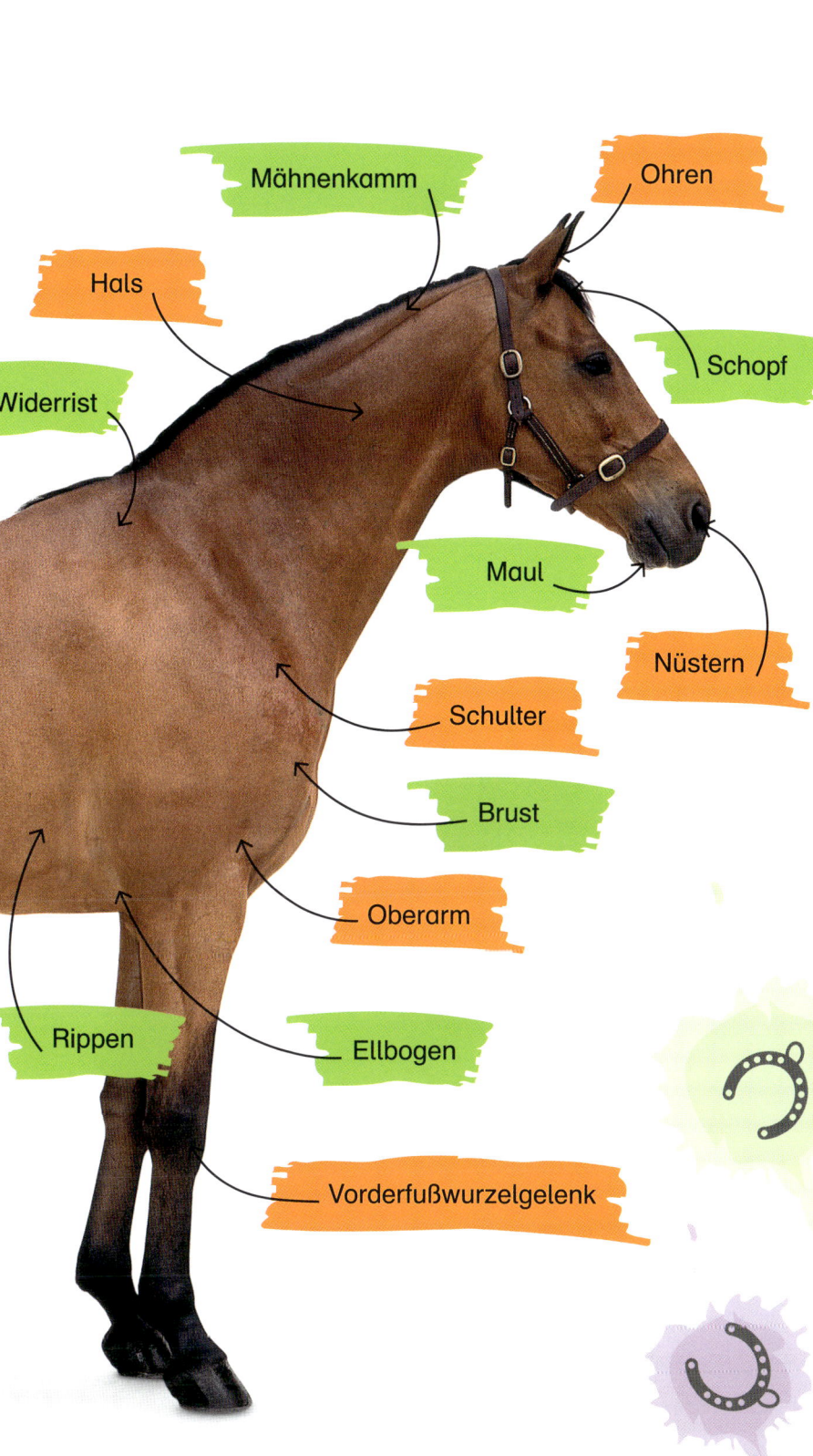

Mähnenkamm

Ohren

Hals

Schopf

Widerrist

Maul

Nüstern

Schulter

Brust

Oberarm

Rippen

Ellbogen

Vorderfußwurzelgelenk

Muffins

Dieses Grundrezept kannst du für alle Muffins verwenden. Für Rotkäppchen-Muffins brauchst du noch eine Prise Cayennepfeffer, Kakaopulver und rote Lebensmittelfarbe.

Teig

- 150 g weiche Butter
- 150 g Zucker
- 150 g Weizenmehl
- 3 mittelgroße Eier
- ½ TL Vanillezucker

Guss

- 225 g gesiebter Puderzucker
- 2–3 EL heißes Wasser
- Lebensmittelfarbe
- Kuchenverzierung

1 Setze 12 Papierförmchen in ein Muffin-Blech. Heize den Ofen auf 180 °C vor (Gas Stufe 4).

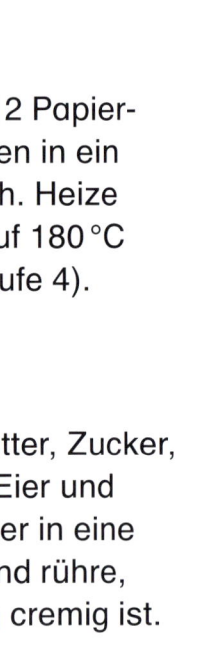

2 Gib Butter, Zucker, Mehl, Eier und Vanillezucker in eine Schüssel und rühre, bis der Teig cremig ist.

3 Verteile den Teig auf die Förmchen. Backe die Muffins 15 Minuten, bis sie goldbraun sind. Nimm sie aus dem Muffin-Blech und lass sie abkühlen.

4 Sobald sie abgekühlt sind, glätte die Oberseite mit einem Messer.

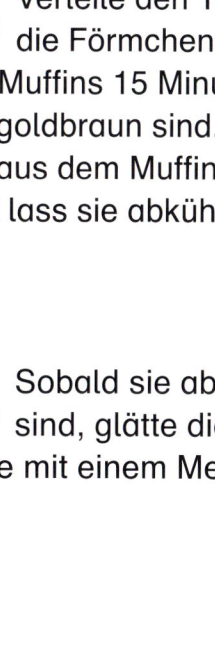

5 Verrühre den Puderzucker in einem Topf mit so viel Wasser, dass eine dickflüssige Masse cntsteht. Füge ein paar Tropfen Lebensmittelfarbe hinzu.

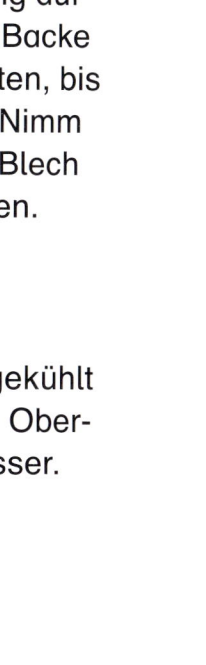

6 Verteile den Guss mit einem Löffel auf den Muffins und verziere sie. Statt Guss kannst du für eine Cremehaube Butter, Frischkäse und Zucker mischen.

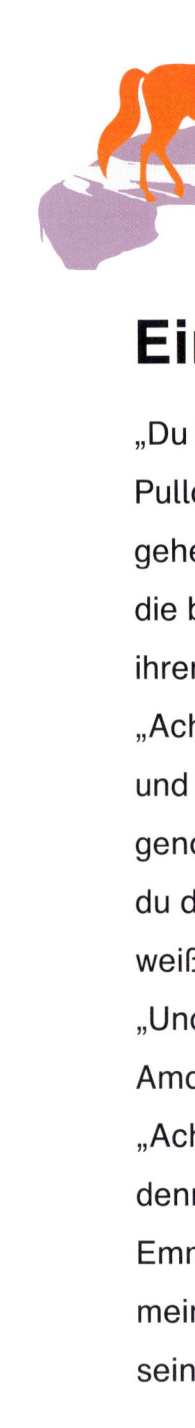

2

Ein gutes Team

„Du kannst doch nicht in dem gleichen Pferde-
Pullover wie ich zu dem Pony-Klub-Treffen
gehen!" Amandas Gesicht sah plötzlich aus wie
die berühmten Kirschtörtchen aus der Bäckerei
ihrer Eltern. „Zieh das wieder aus!"

„Ach, komm schon, Amanda!", bettelte Emma
und fasste ihre Haare mit einem Band zusammen,
genauso wie ihre Schwester. „Wir sind ein Team –
du die Vorsitzende und ich deine Assistentin, du
weißt schon."

„Und nimm sofort das Haarband raus!", befahl
Amanda, gerade als ihre Mutter ins Zimmer kam.
„Ach, Emma", sagte sie. „Worüber haben wir
denn neulich gesprochen?"

Emma seufzte. „Darüber, dass ich die Dinge auf
meine Art machen soll. Dass ich mehr ich selbst
sein soll."

„Müsst ihr denn unbedingt auch noch beide einen Pferdeschwanz mit dem gleichen Band haben?", fragte ihre Mutter.

Amanda und Emma mussten lachen.

„Also gut. Ich ziehe einen anderen Pulli an und trage dazu meine Hufeisen-Ohrringe", sagte Emma dann.

„Du kannst dir ruhig einen Pferdeschwanz machen", sagte Amanda. „Aber nimm ein anderes Band, okay?"

„Einverstanden?", fragte Emmas Mutter.

„Hüüh!", wieherte Emma.

Amanda zog an Emmas Haarband und grinste.

„Na, dann komm mal in die Hufe, Schwesterchen!"

?

Warum möchte Emma sich genauso anziehen wie ihre Schwester?

„Herzlich willkommen zur ersten Versammlung des Pony-Klubs im neuen Schuljahr", sagte Frau Bauer zur Eröffnung des Treffens. Sie zupfte an ihrem Schal mit Pferdchen-Muster. „Wir freuen uns, dass wir heute neue Mitglieder in unsere Herde aufnehmen können."

Außer Emma und Amanda waren im Pony-Klub noch Lotta, Amandas beste Freundin, Kai, Lottas Freund, und Olivia und Hannah, zwei Mädchen, die Emma schon in der Schule gesehen hatte. Olivia hatte dieses Jahr zusammen mit Emma Sportunterricht.

„In diesem Schuljahr wollen wir endlich auch mal richtig reiten", verkündete Amanda, die neue Klub-Vorsitzende, zuversichtlich. „Hat jemand Vorschläge dazu?"

Frau Bauer sah von einem zum anderen.

Emma holte tief Luft und verteilte Kopien des Infoblatts und der Informationen aus dem Internet.

„Es gibt da einen Reitstall namens *Reiterhof Weideglück*, nur 50 km von hier", erklärte sie und zog verlegen an ihrem Haarband. „Nach Weihnachten bieten sie Reiterferien an."

Amanda strahlte. „Wo hast du das denn gefunden, Schwesterchen? Ich meine, Emma. Warum hast du nicht …?"

Frau Bauer unterbrach sie. „Da wir nicht allzu viel Zeit haben, werde ich mich um die schriftliche Erlaubnis eurer Eltern kümmern."

„Und ich mache eine Liste mit den Sachen, die wir brauchen", sagte Amanda.

„Sieht so aus, als hätten wir diesmal einen guten Start!", sagte Frau Bauer und lächelte.

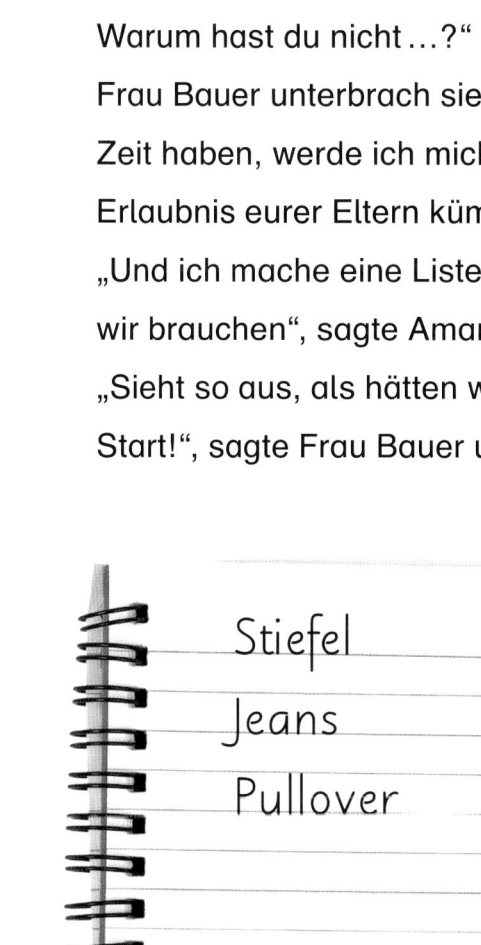

Stiefel
Jeans
Pullover

Nach zwei Monaten voller Extraschichten in der Bäckerei hatten Emma und Amanda genug Geld für den Urlaub auf dem *Reiterhof Weideglück* gespart. Sie packten ihre Sachen und warfen einen letzten Blick auf ihre Liste.

Zum Glück hatten sie riesige Vorräte von der letzten Sache, die darauf stand, sonst wären ihnen die Schule, Hausaufgaben und all die Arbeit in der Bäckerei sicher zu viel geworden. Aber sie waren nun mal verrückt … nach Pferden.

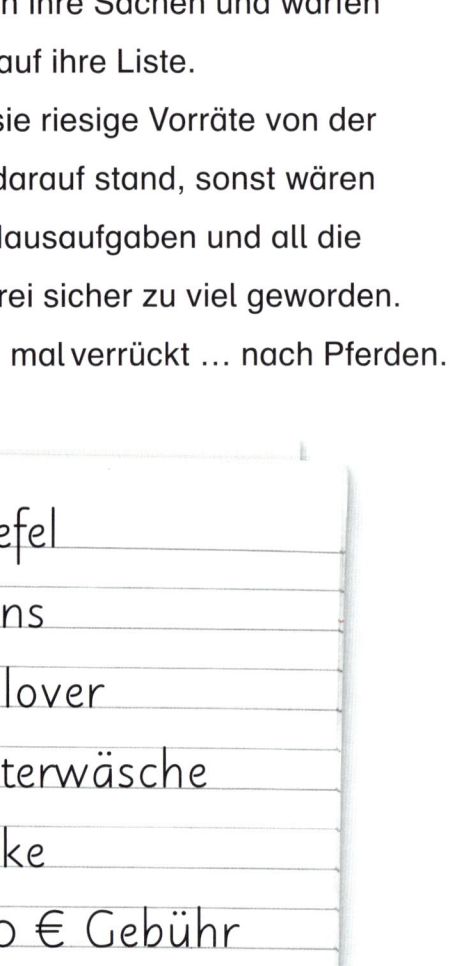

Stiefel
Jeans
Pullover
Unterwäsche
Jacke
100 € Gebühr

Pferde-
liebe

Die Busfahrt durch Schnee und dichten Verkehr dauerte eine Stunde. Emma fragte Amanda über die Körperteile des Pferdes ab. „Man kann nie wissen", sagte Emma und betrachtete das Schaubild, das sie in ihr Notizbuch geklebt hatte, „wozu man das mal brauchen kann. Besonders in dieser Woche."

„Ich hoffe, es sieht da wirklich so aus wie auf dem Infoblatt", sagte Amanda und blickte aus dem Fenster. Emma nickte. Sie wussten beide, dass Kuchen nicht immer so gelang wie auf den Bildern im Kochbuch.

Emma zeigte auf ein Bild mit unterschiedlichen Fellfarben. „Wer weiß – vielleicht freuen wir uns noch scheckig!"

?

Wie stellst du dir den Reiterhof vor?

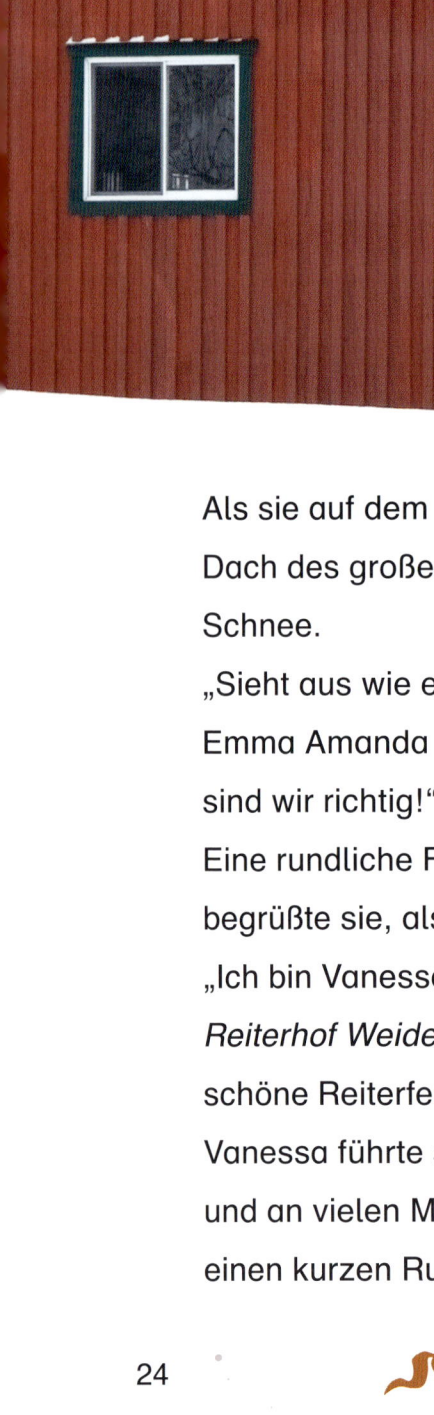

Als sie auf dem Reiterhof ankamen, lag auf dem Dach des großen roten Stalls eine dicke Schicht Schnee.

„Sieht aus wie ein Rotkäppchen-Muffin", flüsterte Emma Amanda zu. „Das ist ein Zeichen – hier sind wir richtig!"

Eine rundliche Frau mit einem breiten Lächeln begrüßte sie, als sie aus dem Bus kletterten.

„Ich bin Vanessa – herzlich willkommen auf *Reiterhof Weideglück!* Ich hoffe, ihr werdet hier schöne Reiterferien verbringen."

Vanessa führte sie durch ein aufgeräumtes Büro und an vielen Medaillen und Rosetten vorbei auf einen kurzen Rundgang.

„Unsere Auszeichnungen könnt ihr euch später ansehen." Vanessa hielt kurz an. „Wir sind stolz auf sie, aber noch stolzer sind wir auf unser Versprechen!" Sie zeigte auf ein Schild an der Wand:

**Hier werden deine
Pferdeträume wahr!**

„Wir hoffen, dass aus unseren Urlaubern hier begeisterte Reiter werden", fuhr sie fort, „die noch viele andere mit dem Pferdevirus anstecken! Schließlich sind Pferde ganz außergewöhnliche Tiere. Sie haben unseren Respekt verdient!"

Sie schniefte. „Jetzt schnappt euch eure Schlüssel und packt eure Sachen aus."

Amanda drückte Emma ihre Tasche in die Hand. „Ich muss mich mit Frau Bauer um die Formalitäten kümmern. Wir treffen uns gleich hier, okay?"

Emma packte in Windeseile ihre Sachen aus. Sie belegte die eine Hälfte der Schränke und Schubladen und fegte gleich wieder zur Tür hinaus.

Emma galoppierte so schnell sie konnte zurück zum Stall. Olivia, ein Lockenkopf mit vielen Sommersprossen, rief ihr zu: „Brrr, Brauner! Nicht so schnell!"

„Ich kann es kaum erwarten", antwortete Emma und wurde noch schneller.

„Wer zuerst im Stall ist!", forderte Olivia sie heraus. Die zwei sprinteten miteinander bis zur Stalltür.

„Na, dann sind ja alle wieder da", sagte Vanessa kurz darauf in der Stallgasse und zählte die Köpfe.

„Nehmt euch alle eine Kopie unseres Kursplans und freut euch auf die besten Reiterferien eures Lebens!"

Eine hagere Frau in staubigen Reithosen stellte sich neben Vanessa. Sie hielt ein Klemmbrett in der Hand.

Vanessa stellte sie vor. „Das ist Katrin, unsere Reitlehrerin. Seit sie nicht mehr jedes Turnier gewinnt, unterrichtet sie hier bei uns. Und sie ist als Lehrerin mindestens ebenso gut wie als Reiterin."

„Vielen Dank für das Lob, Vanessa!", unterbrach Katrin sie lachend.

„Anna, meine Assistentin, ich und alle anderen hier auf *Reiterhof Weideglück* werden uns bemühen, damit euer Aufenthalt bei uns **alles** wird: **a**ufregend, **l**ehrreich, **l**ustig, **e**rfolgreich und **s**icher. Aber es liegt natürlich an euch, das Beste daraus zu machen! Heute bekommt jeder einen passenden Helm, lernt sein Pferd kennen und putzt es. Danach gibt es ein Willkommensessen und wir schauen uns eine Vorführung unserer besten Reiter an. Anna zeigt euch alles – folgt ihr!"

Anna, eine zierliche Frau in Hemd, schwarzer Reithose und schlammigen Stiefeln, führte sie in die Sattelkammer.

Emma setzte ein paar Helme auf. Der erste war zu groß. Der zweite war zu klein. Der dritte war richtig, meinte Anna. Emma fand, dass er ein bisschen an der Stirn drückte. Aber es war ihr egal. Gleich würde Emma *ihr* Pferd treffen.

„Nähert euch euren Pferden immer von vorne, verhaltet euch selbstbewusst, aber liebevoll. Zeigt ihnen, wie gerne ihr mit ihnen zusammen seid." Katrin zeigte ihnen, wie man es machte. Sie erklärte, dass sie für jeden Teilnehmer das Pferd ausgesucht hatten, das am besten zu ihm passte – deshalb hatten sie vorab einen Fragebogen ausfüllen müssen.

„Emma, das ist Zimtstern." Katrin zeigte auf das Pferd in Box Nr. 33. „Sie ist sanft und lieb. Sie macht, was du willst, wenn du dich ein bisschen anstrengst. Sie braucht jemanden, der Herausforderungen gewachsen ist und nicht so schnell aufgibt."

Emma versuchte zu nicken, aber der Helm war im Weg.

Sie betrat die Box und stand vor dem braunen Pferd, das sie in ihr Notizbuch gezeichnet hatte. Es hatte den gleichen dunkelbraunen Körper, die gleiche schwarze Mähne, den schwarzen Schweif. Seine großen Augen sahen Emma unverwandt an.

„Hallo, Mädchen!" Emma ließ Zimtstern an ihrer Hand schnuppern.

„Du glaubst ja nicht, wie lange ich auf diesen Moment gewartet habe!" Zimtstern senkte den Kopf und schnaubte. Emma streichelte Zimtstern sanft die Stirn.

„Sie merkt, dass du Pferde wirklich gern hast", sagte Katrin und reichte Emma Zimtsterns Putzkasten.

„Jede Bürste ist für etwas anderes da", erklärte Katrin. „Der Striegel beseitigt Matsch und lose Haare und mit der Kardätsche bürstet ihr nach. Die Wurzelbürste löst groben, trockenen Schmutz und ist für die Beine. Dann legt mal los – Übung macht den Meister!"

Katrin nahm einen Striegel in die Hand und zeigte ihnen, wie man ihn benutzte. „Und morgen beginnen wir dann mit dem Reiten."

„Bestimmt könnt ihr es kaum erwarten", lächelte Vanessa, die nun auch dazukam. „Wir werden aus euch und euren Pferden ein perfektes Team machen."

Pferdesprache

Pferde haben ein feines Gespür für Stimmen, Geräusche und Bewegungen. Hier sind ein paar Tipps für einen entspannten Umgang mit deinem Pferd.

Zeichen deuten

Ohren nach vorne
Dein Pferd ist aufmerksam und selbstbewusst.

Angelegte Ohren
Vorsicht!

Ohren nach hinten
Dein Pferd ist unzufrieden oder hat hinter sich etwas bemerkt.

Schritt 1

Zeige dich deinem Pferd. Nähere dich langsam, sprich leise.

Schritt 2

Sprich ruhig mit deinem Pferd, während du dich mit ihm beschäftigst.

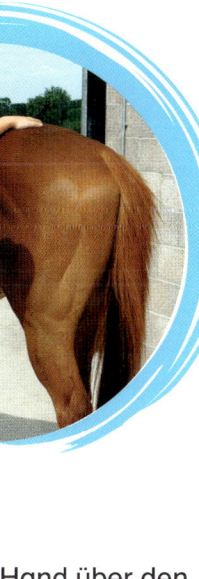

Schritt 3

Fahre mit der Hand über den Rücken des Pferdes, wenn du nach hinten gehst. So weiß es, wo du bist.

Schritt 4

Durch Stimme und Berührungen kannst du dein Pferd beruhigen, leiten und ermuntern.

Pferde putzen

Weißt du nicht, wozu all diese Dinge in deinem Putzkasten gut sein sollen? Hier siehst du, wie du dein Pferd pflegst.

Schwamm
Damit fährst du sanft um die Augen, über die Nüstern und das Maul. Für das Säubern unter dem Schweif benutzt du einen zweiten Schwamm.

Wurzelbürste
Entfernt groben, trockenen Schmutz und wird vor allem für die Beine benutzt.

Hufkratzer
Damit entfernst du Schmutz und kleine Steine aus dem Huf.

Mähnenbürste
Damit bürstest du vorsichtig Mähne und Schweif.

Mähnenkamm
Für das erste Durchkämmen der Mähne.

Schweißmesser
Nach dem Abspritzen fährst du damit vorsichtig über das Fell, um das Wasser zu entfernen.

Kardätsche und Eisenstriegel
Streiche die Kardätsche über den Eisenstriegel, um Haare und Schmutz zu entfernen.

Pferderassen

Die Pferderassen unterscheiden sich hinsichtlich ihrer Kraft, Geschwindigkeit, Härte, Ausdauer, Größe und Farbe. Je nach Größe spricht man außerdem entweder von Pferden oder von Ponys.

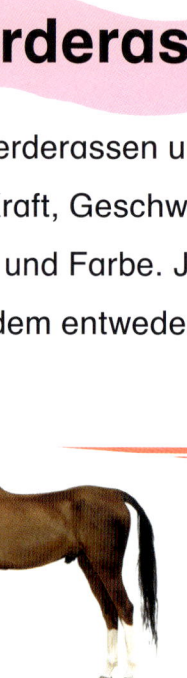

Achal-Tekkiner
Ein Vollblut – schnell und ausdauernd, mit langem, schlankem Körper.

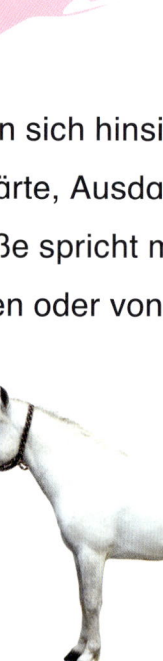

Camargue-Pferd
Wildpferd aus Frankreich. Klein und kräftig, ruhig und intelligent.

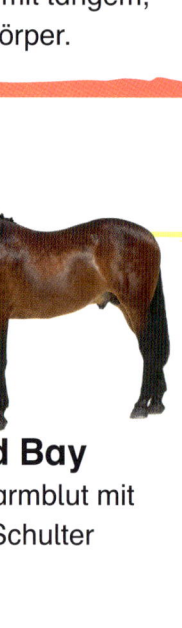

Cleveland Bay
Schweres Warmblut mit muskulöser Schulter und Brust.

Connemara
Irisches Pony, trittsicher und springfreudig.

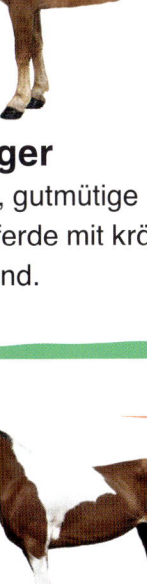

Haflinger
Robuste, gutmütige
kleine Pferde mit kräftiger
Hinterhand.

Dänisches Warmblut
Freundliches, zähes und
mutiges Pferd. Kräftiger
Körper, eleganter Kopf.

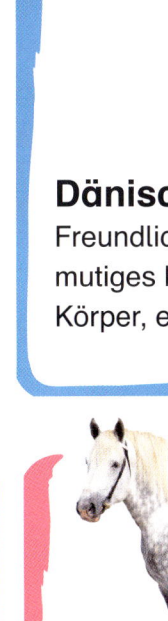

Kathiawari
Temperamentvolles Pferd
aus Indien mit nach innen
gebogenen Ohren.

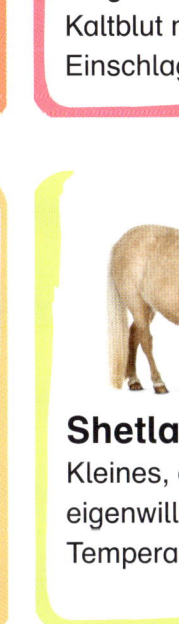

Percheron
Elegantes und ausdauerndes
Kaltblut mit arabischem
Einschlag.

Quarter Horse
Das Pferd der Cowboys:
schnell, wendig, robust,
äußerst kräftige Hinterhand.

Shetland-Pony
Kleines, aber zähes und
eigenwilliges Pony mit viel
Temperament.

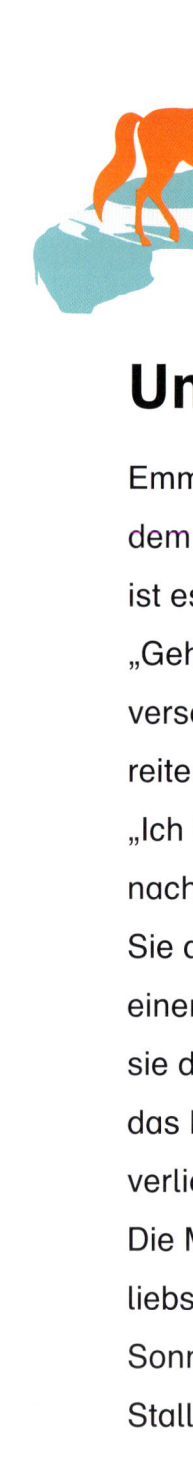

3

Um ein Haar

Emma krabbelte jetzt schon zum dritten Mal aus dem Bett, um auf den Wecker zu sehen. „Endlich ist es Zeit zum Aufstehen!"

„Geh wieder ins Bett", murmelte Amanda verschlafen. „Es ist noch dunkel. Vor acht Uhr reiten wir nicht."

„Ich bin ganz leise", flüsterte Emma und suchte nach ihren Pony-Hausschuhen.

Sie duschte in Rekordzeit und band ihre Haare zu einem Pferdeschwanz zusammen. Dann öffnete sie die Badezimmertür einen kleinen Spalt, nutzte das Licht, um ihre Pferdetasche zu suchen, und verließ das Zimmer.

Die Morgendämmerung war schon immer ihre liebste Tageszeit gewesen. Und heute ging die Sonne besonders schön auf über dem Hof, dem Stall … und den Pferden. Einige Pferde, alle in

warme Pferdedecken eingepackt, vergnügten sich bereits im Auslauf neben dem Stall.

„Oh!" Emma wurde schneller. „Die sind ja genauso früh auf wie ich!" Emma ließ sich auf einer der kalten Zuschauerbänke nieder. Sie zog Mütze und Schal an und beobachtete die Pferde. Emma hätte stundenlang so sitzen und ihnen zusehen können. Irgendwann bemerkte sie Katrin, die schon bei der Arbeit war. Emma winkte ihr zu.

„Du bist aber früh auf!", bemerkte Katrin und winkte zurück. „Das ist auch ein Zeichen für einen echten Pferdenarren!" Emma lächelte unter ihrem Schal hervor.

„Guten Morgen, mein Mädchen!", sagte Emma, als Zimtstern vorbeikam. Als sie ein zweites Mal vorübertrabte, schien sie Emma sogar wiederzuerkennen. Emmas Herz machte einen kleinen Sprung.

„Ich wette, genau so hat sich Velvet in *Kleines Mädchen, großes Herz* gefühlt", dachte Emma, „als sie das Pferd ihrer Träume zum ersten Mal gesehen hat."

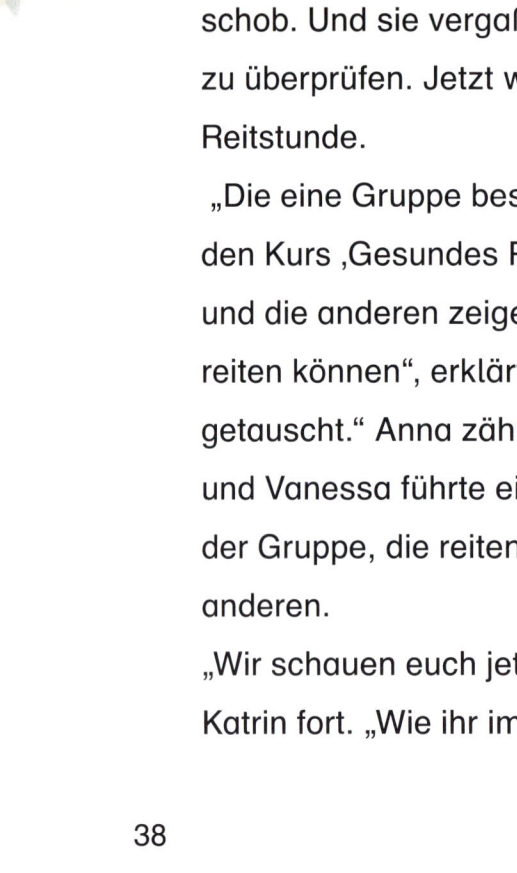

An diesem Morgen lernten sie als Erstes, wie man ein Pferd auftrenst und sattelt. Danach schaffte Emma es schon fast alleine, Zimtstern Trense und Sattel anzulegen. Sie dachte daran, das Gebiss kurz in der Hand anzuwärmen, bevor sie es Zimtstern ins Maul schob. Und sie vergaß auch nicht, den Sattelgurt zu überprüfen. Jetzt war Zimtstern fertig für die Reitstunde.

„Die eine Gruppe besucht jetzt mit Vanessa den Kurs ‚Gesundes Pferd, gesunder Reiter' und die anderen zeigen uns, wie gut sie schon reiten können", erklärte Katrin. „Danach wird getauscht." Anna zählte zwei Gruppen ab und Vanessa führte eine weg. Emma war bei der Gruppe, die reiten durfte, Amanda bei der anderen.

„Wir schauen euch jetzt beim Reiten zu", fuhr Katrin fort. „Wie ihr im Sattel sitzt, ob ihr euer

Pferd im Griff habt und wie sicher ihr seid. Das hilft uns, euch für unsere große Pferde-Schau einzuteilen."

„Das ist die Schau, die wir am letzten Tag für die Familien veranstalten", fügte Anna hinzu. „Aber davon später mehr."

Emma war als Erste dran. Sie führte Zimtstern am Zügel in die Halle. Dann kletterte sie auf die Aufstieghilfe, um in den Sattel zu steigen. Ihr Herz machte einen kleinen Hüpfer. Sie setzte den linken Fuß in den Steigbügel, schwang ihr rechtes Bein über den Pferderücken und saß im Sattel.

Anna passte die Länge ihrer Steigbügel an. Dann wies sie Emma an, ihr Pferd mit leichtem Schenkeldruck anzureiten.

Zunächst ritten Emma und die anderen einzeln im Schritt durch die Halle. Katrin und Anna überprüften, wie sie die Zügel hielten, und ließen sie anhalten, abwenden und kehrtmachen. Emma hatte ganz vergessen, wie es sich anfühlte, hoch oben auf einem Pferd zu sitzen, die Beine um ein 600 kg schweres Tier geschlungen. Sie atmete ein paarmal tief durch.

Richtig sitzen

Setze dich tief in den Sattel. Für eine gute Verständigung mit deinem Pferd ist es wichtig, sicher und gut ausbalanciert zu sitzen.

1. Kopf

Halte den Kopf hoch und schau nach vorn. Der Hals ist entspannt.

2. Arme

Ellbogen und Zügel bilden eine gerade Linie bis zum Pferdemaul.

3. Schultern und Fersen

Halte die Schultern gerade und entspannt. Sie sollen auf einer Linie mit deinen Fersen liegen.

4. Knie und Zehenspitzen

Winkle den Unterschenkel leicht an. Knie und Fußspitze stehen senkrecht übereinander.

Die Arme sind entspannt, die Zügelfäuste eine Handbreit auseinander.

Tritt mit den Fußballen in die Bügel. Zehenspitzen nach vorn, Fersen nach unten.

Von hinten

Sitz gerade in der Mitte des Sattels, Füße auf gleicher Höhe. Dein Kopf bildet mit der Schweifspitze des Pferdes eine senkrechte Linie.

„Deine Augen schauen zwischen den Ohren deines Pferdes hindurch. Du musst immer wissen, was um dich herum vorgeht!" Katrin stand in der Mitte der Reithalle. Anna saß auf einem Pferd.

Nachdem Emma ein paar Runden gedreht hatte, fühlte sie sich schon viel sicherer auf Zimtsterns Rücken. Sie fand es fast schon gemütlich.

Aber dann fing das Pferd vor ihr plötzlich an zu wiehern, schlug mit den Hinterbeinen aus und bewegte sich genau auf Zimtstern zu. Zimtstern wurde unruhig. Sie wieherte und schlug mit dem Kopf.

„Zügel kurz, Emma", rief Anna. „Beine ans Pferd."

Emma tat alles, was Anna ihr sagte, aber Zimtstern schlug weiter mit dem Kopf, buckelte und trat nach hinten aus. Verzweifelt hielt sich Emma an Zimtsterns Sattel fest, um nicht runterzufallen.

„Ich will runter!", rief Emma ängstlich. Ihr Herz raste, sie begann zu schwitzen und hatte das Gefühl, gleich ohnmächtig zu werden.

„Alles gut!" Anna lenkte ihr Pferd neben Emmas und ritt neben ihr her. „Zimtstern war nur durch

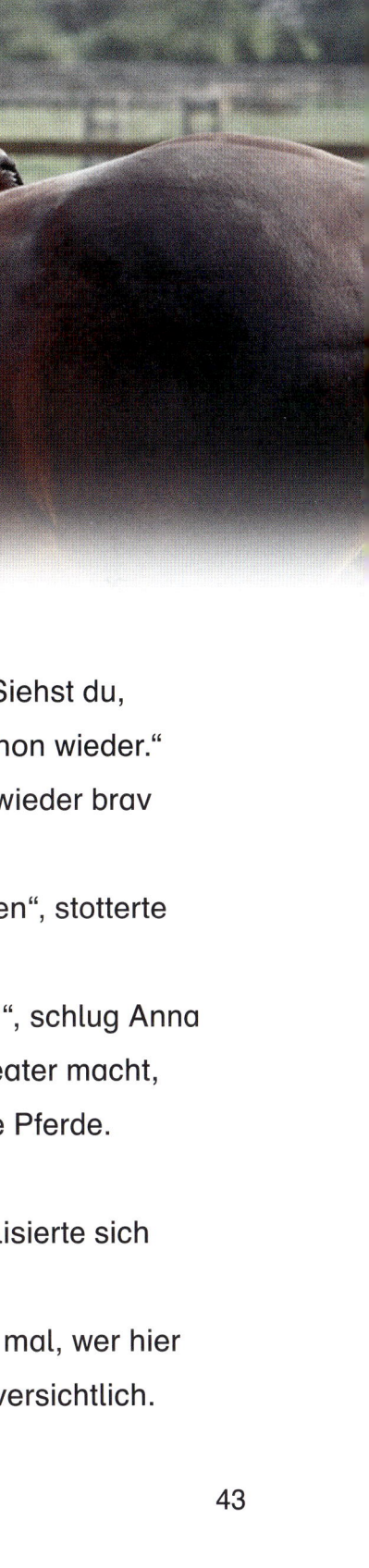

das andere Pferd so aufgeregt. Siehst du,
jetzt beruhigen sie sich beide schon wieder."
Tatsächlich ging Zimtstern jetzt wieder brav
neben Annas Pferd.

„Ich m-möchte trotzdem absteigen", stotterte
Emma.

„Und wenn ich neben dir bleibe?", schlug Anna
vor. „Wenn Zimtstern wieder Theater macht,
steigen wir ab und führen unsere Pferde.
Vertraust du mir?"

„Ja." Emmas Herzschlag normalisierte sich
langsam wieder.

„Dann zeigen wir Zimtstern jetzt mal, wer hier
das Sagen hat!", sagte Anna zuversichtlich.

Emma war dennoch froh, als sie absteigen durfte und wieder festen Boden unter den Füßen hatte. Nach all der Aufregung hatte sie es eilig, in ihr Zimmer zurückzukehren. Sie war den Tränen nahe. „Vielleicht sollte ich einfach meine Sachen packen und wieder abreisen", überlegte sie. Aber gerade, als sie die Nummer ihrer Mutter wählte, klopfte es an die Tür.

Emma sah durch das Schlüsselloch. Es war Anna. Zögernd öffnete sie die Tür.

„Mit besten Grüßen von Zimtstern", sagte Anna und hielt ihr eine Tasse Kakao und einen Keks in Ponyform hin. „Es tut ihr leid, dass sie dir einen solchen Schrecken eingejagt hat."

„Danke", sagte Emma und ließ Anna ins Zimmer.

„Morgen bin ich sofort neben dir, wenn du mich brauchst", sagte Anna. „Ich verspreche, dass Zimtstern und die anderen Pferde sich benehmen werden. Und du darfst auch jederzeit absteigen."

Emma biss den Kopf ihres Pony-Kekses ab und lachte. Anna lachte auch.

„Lecker!" Emma spülte den Keks mit einem Schluck Kakao herunter. Er schmeckte nach Zimt. „Geht es Zimtstern gut?", fragte sie besorgt.

„Der geht's gut." Anna ging zur Tür. „Und wenn es dir auch wieder gut geht, komm doch runter. Schon mal Pferde-Bingo gespielt? Wir sitzen im Aufenthaltsraum und lernen die Körperteile eines Pferdes kennen."

„Die haben Amanda und ich schon auf dem Weg hierher auswendig gelernt!", rief Emma. Sie sprang auf und steckte sich schnell den Rest ihres Kekses in den Mund. Anna sah sie erstaunt an.

„Widerrist, Unterarm, Flanke, leeres Feld, Huf, Fessel, Nüstern, Mähne", wiederholte Vanessa. „Bingo!"

Amanda sprang vom Stuhl auf, um ihren Preis in Empfang zu nehmen. Sie suchte sich einen *Reiterhof-Weideglück*-Anstecker mit zwei galoppierenden Pferden aus. Das erinnerte sie an Emma und sich selbst.

„Das muss ich Emma zeigen!" Amanda sah sich um. „Wo ist sie eigentlich?"

Als Emma zwei Spiele später hereinkam, stürzte Amanda gleich auf sie zu. „Stell dir vor, ich habe gewonnen!" Amanda grinste. „Es hat sich also doch gelohnt, die Körperteile des Pferdes auswendig zu lernen."

„Schön für dich!" Emma versuchte, begeistert zu klingen, aber sie fühlte sich leer.

„Stimmt was nicht? Du siehst aus, als …" Amanda suchte nach den richtigen Worten.

„Als wäre ich vom Pferd gefallen? Bin ich nicht – aber um ein Haar." Als Emma daran dachte, war plötzlich die ganze Angst wieder da.

„Oh, das tut mir so leid für dich, Emma!" Amanda steckte ihr den Pferde-Anstecker an den Pullover und nahm sie in die Arme. Emma hielt sie ganz fest.

?

Wie fühlt Emma sich wohl?

Die Ausrüstung

Diese Dinge brauchst du für dich und dein Pferd.

Sie sind nützlich und sehen außerdem toll aus!

1. Zaumzeug
Reithalfter und Zügel aus
Leder mit Wassertrense.

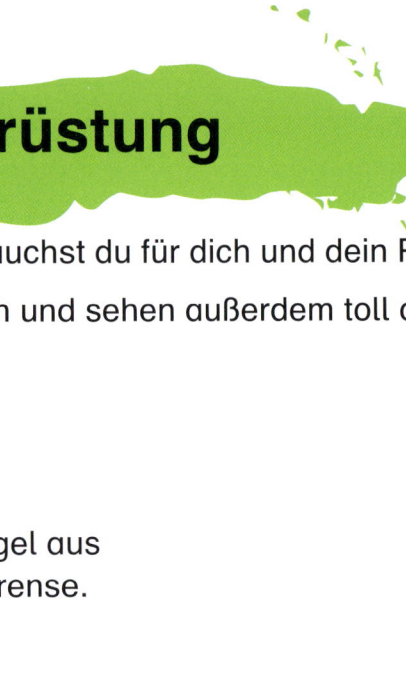

2. Reithelm
Samtbezogen, mit
Schirm und Kinnriemen.

3. Sicherheitsweste
Schützt dich bei
Stürzen.

4. Handschuhe
Sorgen für einen
sicheren Griff.

5. Reithose
Bequemer als Jeans,
mehr Halt durch den
Kniebesatz.

6. Stiefel
Kniehohe Reitstiefel
oder Stiefeletten mit
Mini-Chaps.

7. Sattel
Der Vielseitigkeits-
sattel eignet sich für
alle Disziplinen.

8. Satteldecke
Schützt und polstert
den Pferderücken.

Aufsatteln

Satteldecke

Sattel

1 Aufgesattelt wird immer von links. Lege den Sattel über deinen linken Arm, der Vorderzwiesel liegt am Ellbogen.

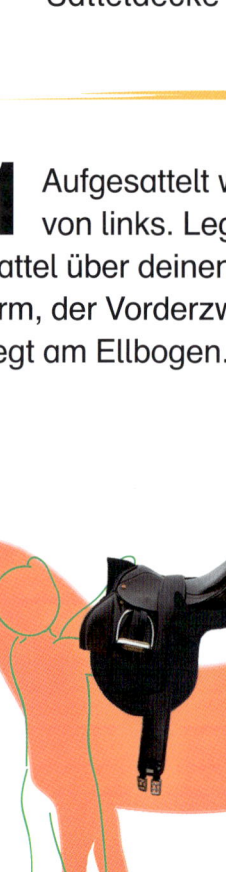

2 Hebe den Sattel über den Widerrist und lege ihn vorsichtig auf den Rücken des Pferdes. Das Fell darunter muss glatt anliegen.

3 Schiebe Sattel und Decke in Wuchsrichtung des Fells in die richtige Position hinter dem Widerrist.

4 Sieh auf der anderen Seite nach, ob die Satteldecke glatt anliegt. Lass den Gurt herunter.

5 Führe auf der linken Seite den Gurt unter dem Bauch durch und ziehe ihn langsam fest, Loch für Loch.

6 Prüfe, ob die Haut unter dem Sattelgurt nicht eingeklemmt ist. Es sollten immer noch drei Finger dazwischenpassen.

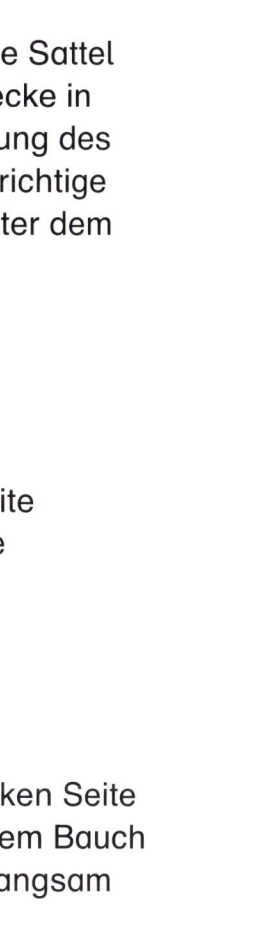

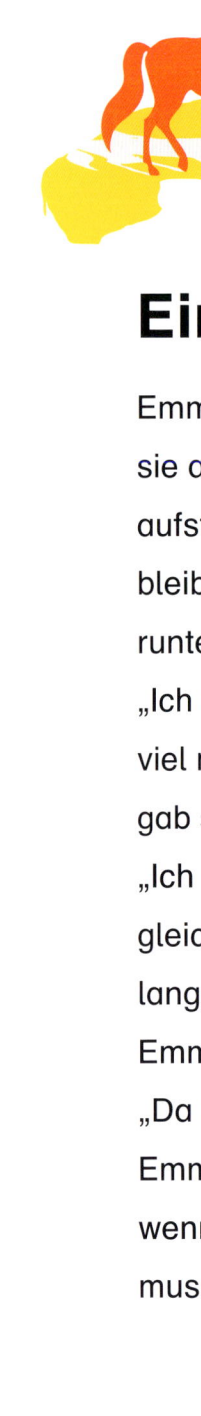

4

Eine richtige Reiterin

Emma machte im Kopf eine Liste, während
sie auf Zimtsterns Rücken stieg: 1. Vorsichtig
aufsteigen, 2. gerade sitzen, 3. im Gleichgewicht
bleiben, 4. die Zügel richtig halten, 5. nicht
runterfallen!

„Ich hätte nie gedacht, dass man beim Reiten so
viel nachdenken muss", sagte Emma zu Olivia und
gab sich große Mühe, nicht an gestern zu denken.

„Ich weiß", sagte Olivia. „Man muss so vieles
gleichzeitig im Kopf behalten. Wie bei einer
langen Rechenaufgabe in Mathe."

Emma und Olivia lachten.

„Da hast du recht", stimmte Anna zu und stellte
Emmas Steigbügel ein. „Vieles wird leichter,
wenn man Erfahrung und Übung hat. Aber man
muss immer seine fünf Sinne beisammen haben."

Emma nickte und hoffte, dass ihr das immer gelingen würde. Sie versuchte, die Zügel ruhig zu halten, während sie ihrer Abteilung folgte: rechts, links, langsamer werden, schneller werden.

„Das macht ihr prima! Ihr befolgt meine Anweisungen alle ganz genau", lobte Katrin ihre Reitschüler.

Emma redete während des Reitens leise mit Zimtstern, um ihre eigenen Nerven zu beruhigen.

„Anweisungen genau zu befolgen ist beim Backen auch sehr wichtig", erzählte sie ihr. „Ich bin eine ziemlich gute Bäckerin, weißt du. Meine Eltern haben eine Bäckerei. Und meine Zimtsterne waren dieses Jahr besonders köstlich!"

„Es gefällt mir, wie manche von euch mit ruhiger Stimme zu ihren Pferden sprechen", sagte Katrin und zwinkerte Emma zu. „So schafft ihr Verbindung und Vertrauen zwischen euren Pferden und euch."

Emma wurde gleich zwei Zentimeter größer im Sattel. Vielleicht wurde ja doch noch eine richtig gute Reiterin aus ihr!

„Als Nächstes üben wir das Leichttraben",
kündigte Katrin an. Anna lenkte ihr Pferd in
die Mitte der Halle, um zu zeigen, wie man es
machte. „Ihr stellt euch in die Bügel und erhebt
euch leicht aus dem Sattel, dann setzt ihr euch
wieder."

Emma war als Dritte an der Reihe. Sie erhob
sich, dann setzte sie sich wieder. „Rauf – runter!",
flüsterte sie.

„Das ist der erste Schritt zum Leichttraben",
erklärte Katrin. „Denn der Trab ist eine Bewegung
im Zweitakt."

Emma war sich nicht sicher, ob sie wirklich schon
traben wollte. Vor ihrem inneren Auge sah sie
das Pferd aus *Kleines Mädchen, großes Herz*
wie wild durch die Stadt galoppieren.

Doch Katrin sprach schon weiter. „Der zweite
Schritt ist, eurem Pferd den Befehl zum Traben
zu geben."

„Abteilung im Arbeitstempo Trab – Marsch!",
sagte Anna und trabte los.

„Unsere freiwilligen Helfer unterstützen alle, die
Hilfe brauchen!", sagte Katrin. Emma und Olivia
hoben die Hand.

Emma war froh, dass sie nicht die Einzige war, die Hilfe benötigte.

Ein großer Junge in ausgebeulten Jeans kam Emma zu Hilfe.

„Hallo, ich bin Simon", sagte er. „Okay, Zügel kürzer nehmen und beide Unterschenkel kurz ans Pferd drücken."

Emma erfüllte ihren Teil der Aufgabe – und Zimtstern erfüllte ihren! Sie trabte los.

„Rauf – runter, rauf – runter!", rief Simon, während er neben Emma und Zimtstern herlief.

„Hoppe, hoppe, Reiter!", keuchte Emma und stand auf und setzte sich hin.

„Versuch mal, immer dann aufzustehen, wenn Zimtsterns äußerer Vorderhuf nach vorne geht", riet Simon. „Und wenn der innere nach vorne geht, setzt du dich hin."

„Der hat leicht reden", dachte Emma. Ihr tat schon ganz schön der Hintern weh von dem ständigen Auf und Nieder. Aber sie versuchte, sich zu konzentrieren. Und nach einer Weile wurde es immer einfacher. Jetzt hatte sie den Rhythmus heraus!

„Guck dir das an!", rief Simon. „Du trabst!"

Nachdem alle versucht hatten zu traben, führte Anna ihnen noch den Galopp vor.

„Der Galopp ist eine Bewegung im Dreitakt", erklärte Anna. „Es ist eine schnellere und fließendere Bewegung als der Trab. Das lernt ihr, wenn ihr etwas mehr Übung habt."

Emma stieß erleichtert den Atem aus.

„Aber jetzt", sagte Katrin und zeigte auf die Wanduhr, „ist die nächste Gruppe dran: unsere Fortgeschrittenen."

„Führt eure Pferde zurück in den Stall, sattelt sie ab, kratzt ihnen die Hufe aus und bringt sie in ihre Boxen", wies Anna die Reitschüler an. Dann wandte sie sich an Emma. „Nur du nicht, Emma. Du übergibst Zimtstern jetzt Simon und kommst mit mir."

Emma stieg ab. Ihre Beine fühlten sich an wie Gummi und ihre Hand zitterte, als sie Simon die Zügel übergab.

„Stimmt was nicht?"

„Ganz im Gegenteil", sagte Anna und nahm sich ihr Klemmbrett. „Du hast dir heute viel Mühe gegeben und schon eine sehr gute Beziehung zu Zimtstern aufgebaut."

„Toll – ich meine, danke!", rief Emma. Ihre Augen glänzten.

„Deshalb möchte ich dich bitten, mir und Zimtstern bei einer Reitstunde für Kinder mit Behinderung zu helfen!", verkündete Anna.

„Ich bin dabei!", sagte Emma und hob die Hand.

„Schön!" Anna strahlte. „Wir treffen uns nach dem Mittagessen."

Emma schwebte aus der Halle und lief sofort zu Amanda, um ihr davon zu erzählen. Amanda war gerade dabei, ihr Pferd für ihre Reitstunde zu satteln.

„Das ist ja klasse!", rief Amanda begeistert. „Ich wünschte, ich könnte mit dir tauschen."

„Sag das noch mal!", kicherte Emma. Und während Amanda ihr Pferd zur Reithalle führte, schnappte sie sich eine Mistgabel. Sie war so glücklich, dass sie richtig Lust auf ein bisschen Pferdemist hatte!

„Willkommen, liebe Kinder! Unsere Pferde und unsere freiwilligen Helfer freuen sich schon auf euch!", begrüßte Anna die Kindergruppe.

Nach einer kurzen Vorstellung stellte Emma sich an Zimtsterns linke Schulter. Sie sollte Simon helfen, Zimtstern und ihre Reiterin Lisa zu führen. Lisa war behindert.

„Lisa, jetzt stellst du deinen linken Fuß in den Steigbügel", erklärte Simon. „Dann schwingst du dein Bein über den Rücken und stellst deinen rechten Fuß in den anderen Steigbügel."

Anna und Lisas Betreuerin, Frau Jansen, wechselten sich mit dem Unterrichten ab.

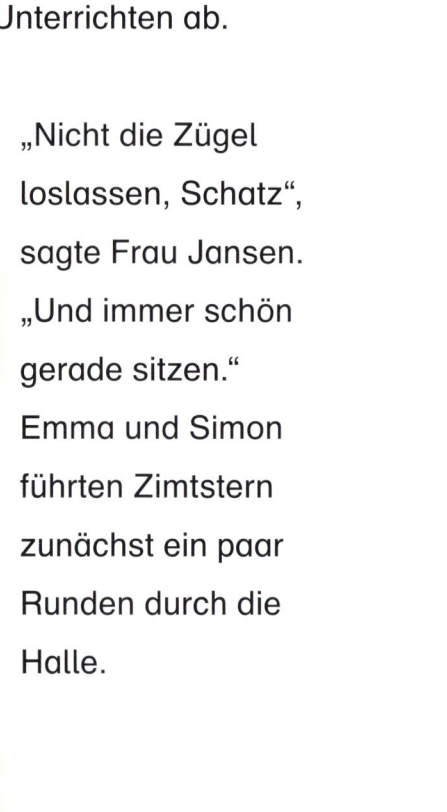

„Nicht die Zügel loslassen, Schatz", sagte Frau Jansen. „Und immer schön gerade sitzen." Emma und Simon führten Zimtstern zunächst ein paar Runden durch die Halle.

„Und jetzt", sagte Frau Jansen nach einer Weile zu Lisa, „lass die Zügel los und versuche einmal, die bunten Bälle zu treffen, wenn du daran vorbeireitest."

Lisa klatschte auf die Bälle.

„Gut gemacht!", lobte Anna.

„Und jetzt probiere, mit diesem Stoffkegel eines der Ziele an der Wand zu treffen."

Lisa holte mit dem Kegel aus und traf drei Mal.

Emma und Simon klatschten Beifall.

Da machte einer der anderen Schüler ein schrilles Geräusch. Zimtstern zuckte zusammen.

„Ganz ruhig", sagte Emma und klopfte beruhigend auf Zimtsterns Hals. „Da hat sich nur jemand gefreut."

Anna lächelte. „Sieht so aus, als hätte ich mit meiner neuen Helferin die richtige Wahl getroffen."

Emma strahlte.

„Wer möchte Rotes Licht – grünes Licht spielen?", fragte Anna nun.

„Wenn das Licht an der Wand rot leuchtet, sagen wir ‚Brr' und ziehen die Zügel an, damit unser Pferd stehen bleibt", erklärte Anna.

Sie überreichte Emma die Fernbedienung für die Lampe an der Wand.

„Das ist deine Aufgabe."

Emma nahm die Fernbedienung. Nach einer halben Runde schaltete sie auf Rot.

Lisa rührte sich nicht.

„Rotes Licht!", half Emma.

„Brr!", machte Lisa und zog an den Zügeln.

Zimtstern blieb stehen.

„Super!", lobte Emma. Sie schaltete auf Grün.

„Grünes Licht", sagte Simon.

„Jetzt sagst du Zimtstern, dass sie wieder loslaufen soll", erklärte Anna. „Dazu drückst du einmal kurz deine Schenkel ans Pferd."

Dabei musste Frau Jansen ein bisschen helfen.

Zimtstern ging wieder los.

„Ganz toll gemacht!", sagte Emma. „Jetzt darfst du Zimtstern auch mal loben." Sie zeigte Lisa, wie sie sich ein bisschen nach vorne lehnen und Zimtstern den Hals klopfen konnte.

Dann schaltete sie wieder auf Rot.

„Brr!", machte Lisa. Sie zog die Zügel an. Dann breitete sich ein Strahlen auf ihrem Gesicht aus, das die ganze Reithalle erleuchtete.

Emma bekam Gänsehaut vor Freude.

Als die Stunde zu Ende war, half sie Lisa beim Absteigen.

„Danke an alle, die heute geholfen haben!", sagte Anna.

„Dir auch vielen Dank", erwiderte Emma.

„Das werde ich nicht so schnell vergessen."

„Vielleicht kannst du ein anderes Mal noch einmal mithelfen."

„Dafür gebe ich grünes Licht!" Emma schaltete auf Grün.

Gangarten

Bei Pferden unterscheidet man vier Gangarten:
Schritt, Trab, Arbeitsgalopp und Jagdgalopp.

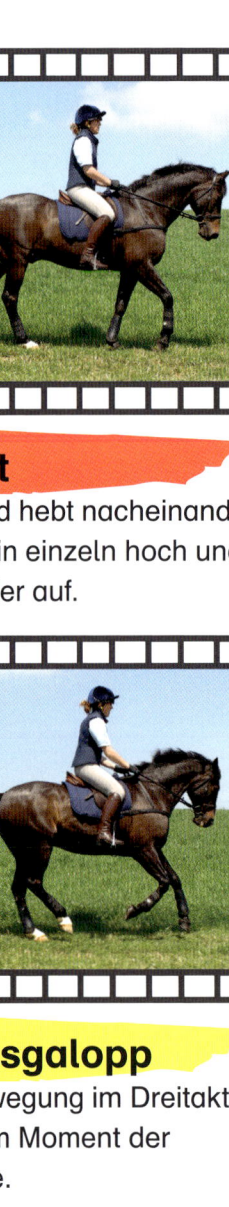

Schritt

Das Pferd hebt nacheinander
jedes Bein einzeln hoch und
fußt wieder auf.

Schritt

Rechtes Vorderbein, linkes
Hinterbein, linkes Vorderbein,
rechtes Hinterbein.

Arbeitsgalopp

Eine Bewegung im Dreitakt
mit einem Moment der
Schwebe.

Arbeitsgalopp

Beim Rechtsgalopp gehen
rechtes Vorderbein und rechtes
Hinterbein gleichzeitig vor.

Trab

Die Hufe kommen paarweise und kreuzweise auf, im Zweitakt.

Trab

Links vorne und hinten rechts gleichzeitig, dann rechts vorne und hinten links.

Jagdgalopp

Das Pferd macht lange Sprünge und streckt den Körper.

Jagdgalopp

Alle vier Füße setzen nacheinander auf, aber nur ganz kurz.

Reiterhof Weideglück

Pensionsstall und Reitschule

Grüner Weg 77, 55555 Rossheide

Reittherapie
Pferde bieten die perfekte Unterstützung für Menschen mit einer *Behinderung*. Die rhythmische Bewegung des Pferdes hilft bei der Entwicklung und Stärkung geistiger und körperlicher Fähigkeiten. Der *Reiterhof Weideglück* bietet dafür die ideale Umgebung, eine perfekte Ausrüstung, ruhige und freundliche Pferde und gut ausgebildetes Personal.

Unsere Reittherapie hilft Reitern:

 **Muskeln und Körperkontrolle zu verbessern**

 **Ausdauer und Gleichgewicht zu trainieren**

 **intensive Sinneserfahrungen zu machen**

 **das allgemeine Wohlbefinden zu stärken**

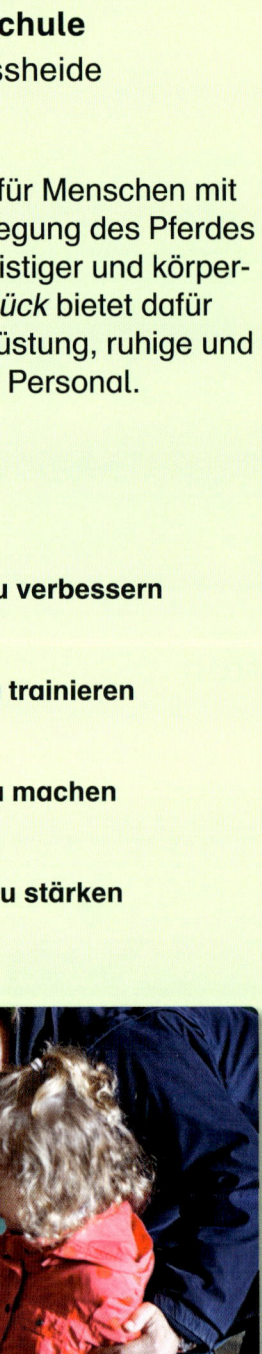

Warum Pferde?

Die Bewegungen eines Pferdes sind sehr gleichmäßig und unterschiedlich schnell. Die Bewegung entspricht der Hüftbewegung eines Menschen, der geht.

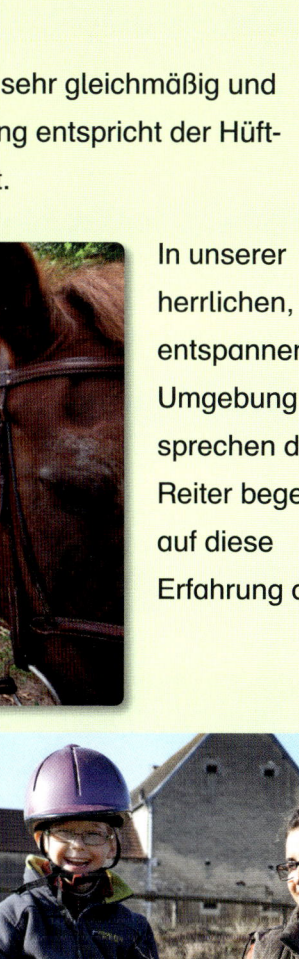

In unserer herrlichen, entspannenden Umgebung sprechen die Reiter begeistert auf diese Erfahrung an.

Unsere ausgebildeten Fachkräfte passen die Geschwindigkeit des Pferdes genau an die Bedürfnisse und Fähigkeiten des Reiters an.

Die Geschichte von Mancha und Gato

1925 wollte Aimé Tschiffely, ein Schweizer Lehrer, der in Argentinien lebte, von Buenos Aires nach Washington reiten. Für diese weite Reise von 16 000 Kilometern brauchte er zwei ausdauernde und starke Pferde. Er wählte Mancha und Gato, die einem argentinischen Indianer gehörten und in der Wildnis überleben konnten. Im April ging die Reise los. Pferde und Reiter lernten schnell zusammenzuarbeiten, denn jeder Tag der Reise brachte neue Herausforderungen. Auf ihrem gefährlichen Weg durch Flüsse, Urwälder und Gebirge begegneten ihnen viele Gefahren, z.B. Treibsand, Schlangen und Krokodile. Gato und Mancha retteten Tschiffely mehr als einmal das Leben. Nach zweieinhalb Jahren kamen sie in Washington an und wurden wie Helden begrüßt.

Criollos
Wilde Criollos sind robust und genügsam.

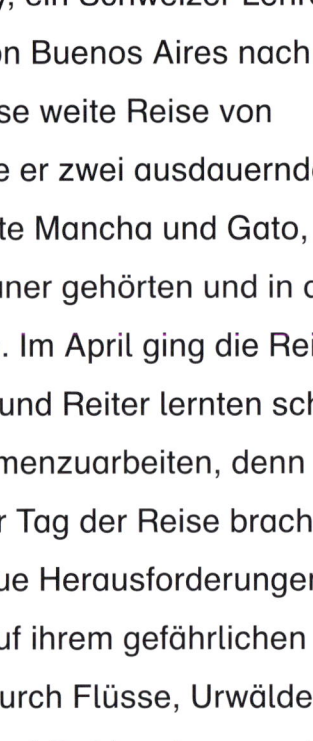

Diesen Weg nahm
Aimé Tschiffely von
Argentinien bis in
die USA.

Aimé Tschiffely
mit Mancha
und Gato

Ecuador
Durch einen
Erdrutsch war der
Weg weggebrochen.
Mancha sprang
zuersl über den
Abgrund.

Die Anden
Die Pferde blieben ruhig,
als Tschiffely sie über eine
wacklige Brücke führte.
Ein Fehltritt wäre tödlich
gewesen.

Washington,
D.C., USA

Buenos Aires,
Argentinien

67

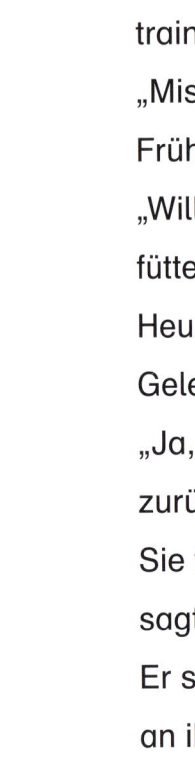

5

Füreinander geschaffen

Am nächsten Tag schlief Emma länger als sonst.
Als sie Zimtstern vor dem Frühstück im Auslauf
begrüßen wollte, führte Anna sie gerade zurück
in den Stall. Sie hatte Zimtstern an der Longe
trainiert.

„Mist!" Emma machte kehrt Richtung
Frühstücksraum.

„Willst du helfen, Zimtstern zu waschen und zu
füttern?", rief Katrin ihr zu. Sie brachte gerade
Heuballen in den Stall. „Gestern hattest du ja keine
Gelegenheit. Simon zeigt dir, wie man es macht."

„Ja, gerne!" Emma strahlte und rannte zum Stall
zurück.

Sie fand Simon beim Misten. „Bin gleich bei dir",
sagte Simon.

Er schob eine Schubkarre voll stinkenden Mist
an ihr vorbei. Emma hörte, wie Zimtstern gegen

die Boxentür trat. „Sie hat wohl meine Stimme gehört", dachte Emma.

„Ich komme!", rief sie. Zimtstern steckte den Kopf aus der Box und begrüßte sie wie eine alte Freundin. Diese Treffen am frühen Morgen würden Emma fehlen!

Simon erschien wieder.

„Du führst Zimtstern in die Stallgasse und bindest sie dort an. Als Erstes nimmst du ihr den Sattel ab. Dann holst du dir einen Eimer mit Wasser und wäschst mit dem Schwamm über die Sattellage, den Bauch, über Augen und Nase."

„Okay!" Emma machte es so, wie Simon es erklärt hatte.

„Du kennst dich ja echt gut aus hier", sagte sie, als sie einen Eimer mit Wasser füllte.

„Du könntest hier arbeiten."

„Tu ich ja auch", sagte Simon. „Ich gehöre zur Familie!" Er zwinkerte Emma zu und verließ den Stall.

Emma fiel die Kinnlade herunter. Sie hatte ja keine Ahnung gehabt!

Zimtstern wieherte.

Stallarbeit

Ein zufriedenes Pferd braucht einen sauberen, trockenen Stall und gesundes Futter. Miste täglich nach dem Füttern die Box aus. Halte auch die Stallgasse sauber.

Schubkarre

Stiefel

Spänegabel

Rechen

Heugabel

Besen

Mistgabel

Schaufel

Mistboy

Schlauch

Fütterung

Ein Pferd im Stall muss dreimal täglich mit einem Mix aus Raufutter und Kraftfutter gefüttert werden.

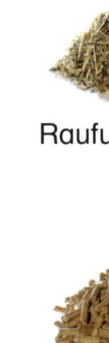

Wurzelgemüse und Obst

Maisflocken, Rübenschnitzel und Hafer

Raufutter: Heu

Pellets aus Getreide

Emma war mit der Sattellage fertig und begann nun, Zimtstern mit dem Schwamm die Augenränder zu säubern.

„Hab ich dir heute schon gesagt, wie lieb ich dich habe, Zimtstern?", fragte sie. „Du bist wirklich meine Allerbeste!" Zimtstern zog die Lippen hoch, als wollte sie lächeln.

„Sie hat wirklich einen Narren an dir gefressen", sagte Katrin und füllte Zimtsterns Heunetz auf. „So habe ich sie selten erlebt."

„Wirklich?" Emma wischte Zimtsterns Nüstern ab. „Es wird sicher schrecklich werden, wenn wir uns verabschieden müssen!"

„Wie Vanessa schon sagte: Pferd und Reiter müssen ein Team sein. Und ihr seid wie füreinander geschaffen", fuhr Katrin fort. „Du musst unbedingt wiederkommen. Du kannst Reitstunden

nehmen oder uns bei der Pferdetherapie helfen.
Im Sommer haben wir neue Kurse. Betrachte dich
als eingeladen."

Emma reinigte die Schwämme. „Hm, aber im
Sommer helfe ich immer ziemlich viel in der
Bäckerei mit."

„Du musst es ja nicht jetzt entscheiden",
sagte Katrin. „Wir rufen dich an, wenn wir mit
der Planung für den Sommer beginnen."

„Regelmäßigen Unterricht kann ich mir auch nicht
leisten", gestand Emma. „Amanda und ich haben
Extra-Schichten eingelegt, um das hier machen
zu können."

„Vielleicht finden wir eine Lösung für euch
beide", schlug Katrin vor. „Zimtstern würde dich
jedenfalls bestimmt gerne wiedersehen."

Zimtstern spitzte die Ohren.

„Glaubst du wirklich?" Emma krauste die Nase.

„Ich glaube es nicht, ich weiß es genau", flüsterte
Katrin. „Und jetzt geh schnell frühstücken. Auch
ein Reiter muss sich stärken."

Emma umarmte Zimtstern noch einmal so fest
sie konnte und rannte davon.

„Amandaaaa!" Emma schnappte nach Luft. Sie war völlig außer Atem. „Wir können vielleicht hier Reitstunden nehmen und …"

„Erzähl's mir später", unterbrach Amanda sie. „Lotta und Kai berichten gerade von einem Ausritt, der heute Abend stattfinden soll."

„Klingt spannend", sagte Emma. „Kann ich auch mitkommen?"

„Der ist nur für die älteren und erfahrenen Reiter", erklärte Amanda. „Und wir müssen ja nicht immer alles zusammen machen, oder?"

Lotta und Kai lachten. Amanda lachte auch. Emma konnte nicht glauben, dass sie das wirklich vor den beiden anderen gesagt hatte. Und dann lachte Amanda auch noch! Tränen brannten in ihren Augen.

Sie machte kehrt und steuerte das Frühstücksbüfett an.

„Schönes Bild", sagte sie und ließ sich neben Olivia auf einen Stuhl fallen.

„Wo warst du?" Olivia spitzte einen Bleistift.

„Wir haben gleich Reitstunde."

„Hallo zusammen!" Vanessa sprach in das Mikrofon des Frühstücksraums.

„Heute erwartet uns mal wieder ein großes Programm. Wir beginnen mit unserem allmorgendlichen Training für die Pferde-Schau und einem ersten Ausblick auf die Reiterspiele, die wir morgen Nachmittag veranstalten werden. Reiterspiele machen großen Spaß – das habe ich als Kind auch schon gemacht."

„Also, lasst uns keine Zeit verlieren", fügte Katrin hinzu. „Sucht euch heute einen Partner aus. Die Paare, die bei unserer Pferde-Schau am letzten Tag etwas aufführen möchten, zum Beispiel eine Reiterspiel-Aufgabe oder ein Kunststück, wenden sich an Simon."

Emma dachte sofort an Amanda. Aber die würde bestimmt lieber mit Lotta …

„Wollen wir beide vielleicht?", fragte Olivia hoffnungsvoll.

„Danke, dass du fragst, Olivia, das ist sehr nett von dir. Aber Amanda und ich träumen schon so lange davon, gemeinsam in einer Pferde-Schau aufzutreten", versuchte Emma zu erklären. Sie seufzte. „Ich weiß bloß nicht, ob sie diesen Traum immer noch hat."

„Du meinst den Traum", sagte Amanda plötzlich hinter ihr, „wo ich uns auf den Platz führe und ganz erstaunliche Kunststücke auf dem Pferderücken vorführe und du meine Assistentin bist?"

„Nein", sagte Emma und blickte sie trotzig an. „Ich meine den Traum, wo *ich* die tollen Kunststücke vorführe und du meine Assistentin bist und ich einen Preis für meine unglaublichen Reitkünste gewinne."

Jetzt rollten sie beide mit den Augen und kicherten.

„Und was ist mit Lotta?", fragte Emma und verschränkte die Arme.

Amanda zuckte die Achseln. Sie wirkte etwas verlegen.

„Ich glaube, sie und Kai haben geplant, bei der Pferde-Schau so eine Art Romeo-und-Julia-Geschichte aufzuführen."

„Ha!", rutschte es Emma heraus.

„Und überhaupt." Amanda legte den Kopf schief. „Ohne meine bewährte Assistentin kann ich natürlich nicht bei der Pferde-Schau auftreten."

„Ach wirklich?" Emma wusste, dass dies

Amandas Art war, sich zu entschuldigen.

Emma verzieh ihr und nahm das Angebot an.

„Nach den Reiterspielen morgen überlegen wir

uns, was wir machen wollen", sagte Amanda.

„Ich habe da schon ein paar gute Ideen

für meinen – ich wollte sagen, für *unseren*

gelungenen Abschluss."

?

Welches Kunststück würdest
du gerne zeigen?

Springen lernen

Stabiles Gleichgewicht ist die Voraussetzung für erfolgreiches Springreiten. Wenn du richtig sitzt, kann auch dein Pferd die Balance halten.

Hände
Nimm die Zügel kurz und halte die Hände etwas weiter vorn.

Sitz
Lehne deinen Oberkörper vor und verlagere das Gewicht auf Knie und Füße.

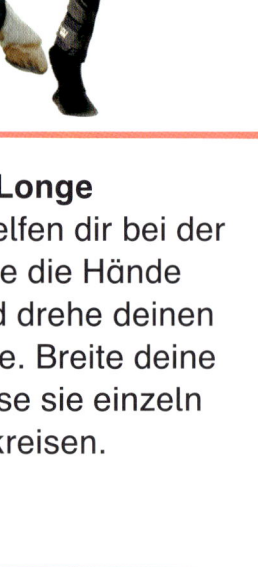

Übungen an der Longe
Diese Übungen helfen dir bei der Vorbereitung: Lege die Hände auf die Hüften und drehe deinen Körper in der Hüfte. Breite deine Arme aus und lasse sie einzeln oder gleichzeitig kreisen.

Landung

Richte dich wieder auf,
wenn dein Pferd landet, und
federe den Aufschlag mit
den Knien ab.

Hände

Folge mit den Händen
der Bewegung des
Pferdemauls und bleib
locker in Ellbogen und
Schultern.

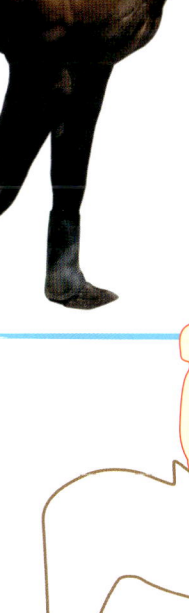
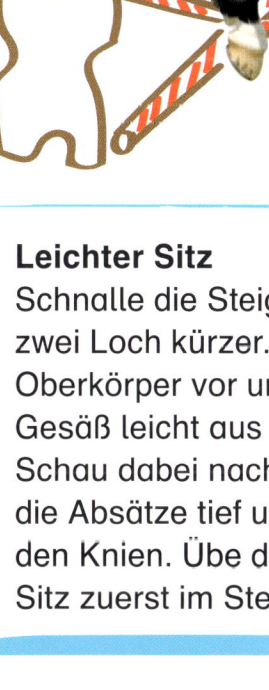

Leichter Sitz

Schnalle die Steigbügel
zwei Loch kürzer. Beuge den
Oberkörper vor und nimm das
Gesäß leicht aus dem Sattel.
Schau dabei nach vorn. Halte
die Absätze tief und federe in
den Knien. Übe den leichten
Sitz zuerst im Stehen.

Sagenhafte Pferde

Mythen und Legenden berichten von Pferden mit seltsamer Gestalt und übernatürlichen Kräften.

Z wie Zentauren. Sie hatten den Oberkörper eines Mannes und Beine und Rumpf eines Pferdes.

H wie Hippokamp. Diese Unterwassergestalt war vorne ein Pferd und hinten ein Fisch.

H wie Hippogryph. Das geflügelte Pferd mit dem Kopf eines Adlers konnte um die ganze Welt fliegen.

S wie Sleipnir. Das Wunderpferd des Gottes Wotan sauste auf acht Beinen dahin.

P wie Pegasus. Der schneeweiße geflügelte Hengst entstand aus dem Blut der schlangenhäuptigen Medusa.

T wie Trojanisches Pferd. In dem großen hölzernen Pferd versteckten sich griechische Soldaten und eroberten dadurch die Festung Troja.

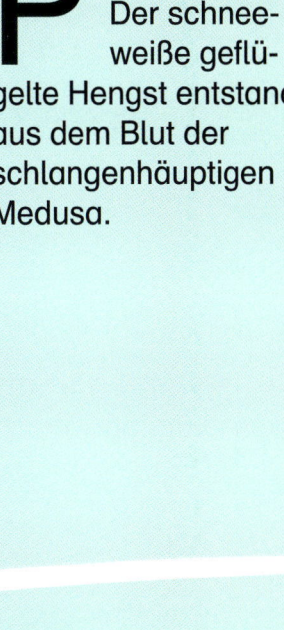

E wie Einhorn. Das magische weiße Pferd mit dem langen, spiralförmigen Horn auf der Stirn ist ein Symbol für Reinheit.

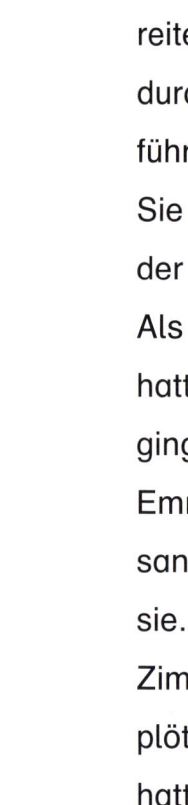

Spaß und Spiele

Die Reitstunde am nächsten Morgen verging viel
zu schnell für Emma und ihre Freunde.

Jeder durfte einmal an der Spitze der Abteilung
reiten und die Gruppe auf Zirkeln und Achten,
durch die Länge der Bahn und auf Schlangenlinien
führen.

Sie alle fürchteten sich heimlich vor dem Ende
der Reiterferien, die viel zu schnell vergingen.

Als Emma die letzte Runde um die Bahn trabte,
hatte sie das Gefühl, dass es Zimtstern ebenso
ging. Irgendwie schien sie noch mehr zu wollen.

Emma lehnte sich vor und tätschelte Zimtstern
sanft den Hals. „Was ist los, Mädchen?", fragte
sie.

Zimtstern beantwortete die Frage, indem sie
plötzlich das Tempo beschleunigte. Emma
hatte den Eindruck, dass die Stute gerne

galoppieren wollte. Sie machte sogar ein paar Galoppsprünge!

„Brr!" Emma nahm die Zügel kürzer. Sie bemühte sich, im Gleichgewicht zu bleiben und Zimtstern in die Mitte der Bahn zu lenken.

Tatsächlich gelang es ihr nach einer Weile abzuwenden und zum Schritt durchzuparieren.

„Alles klar bei euch?", fragte Katrin und lief zu ihr herüber.

„Ja, alles gut." Emma nickte. „Ich glaube, Zimtstern wollte mir zeigen, was wir noch alles machen könnten, wenn ich wiederkomme. Fast wären wir galoppiert."

„Ich habe dir doch gesagt, dass Zimtstern dich herausfordern würde", erinnerte Katrin sie. „Ich bin froh, dass es dir gelungen ist, sie durchzuparieren. Gut gemacht. Mit dem Galoppieren warten wir bis zum nächsten Mal, wenn du wiederkommst."

Katrins Bemerkung munterte Emma und Zimtstern auf.

Zufrieden schlossen sie sich wieder der Abteilung an.

Anna lenkte ihr Pferd neben sie. „Du bist eine von denen, die am meisten Fortschritte gemacht haben!"

Emma wurde rot. „Das liegt aber nicht nur an mir, nicht wahr, Zimtstern?" Zimtstern schnaubte. *Ein gutes Team sein.* Jetzt wusste Emma, was damit gemeint war.

Im Speisesaal war die Aufregung wegen der bevorstehenden Reiterspiele zu spüren. Einige Reiter suchten immer noch einen Partner.

Emma war froh, dass sie ihren gefunden hatte. Sie entdeckte Amanda ganz hinten in der Ecke neben Lotta und Kai, mit einem Eisbeutel auf ihrer Hand. Rasch lief sie zu ihrer Schwester hinüber.

„Was ist passiert?"

„Ach, nichts", sagte Amanda und streckte ihre Finger.

„Aber es hätte etwas passieren können", sagte Kai und legte den Arm um Lotta. Es war das erste Mal, dass Emma ihn zu jemand anderem sprechen hörte als Lotta.

„Lotta und ich haben ein kleines Rennen gemacht", seufzte Amanda. „Und als ich die

Zügel ein bisschen zu hart angenommen habe, um Lotta auszuweichen, hat Pepper eine Vollbremsung gemacht und ich habe mir die Finger gestaucht."

„Das tut mir leid", sagte Emma und begutachtete Amandas Hand.

„Wir haben uns ganz schön erschrocken!", gestand Lotta.

„Aber sie haben sich schon wieder erholt", bemerkte Vanessa, die noch einmal nach den beiden Mädchen schauen kam. „Manchmal vergessen wir, wie stark so ein Pferd ist. Und dann erinnert es uns daran."

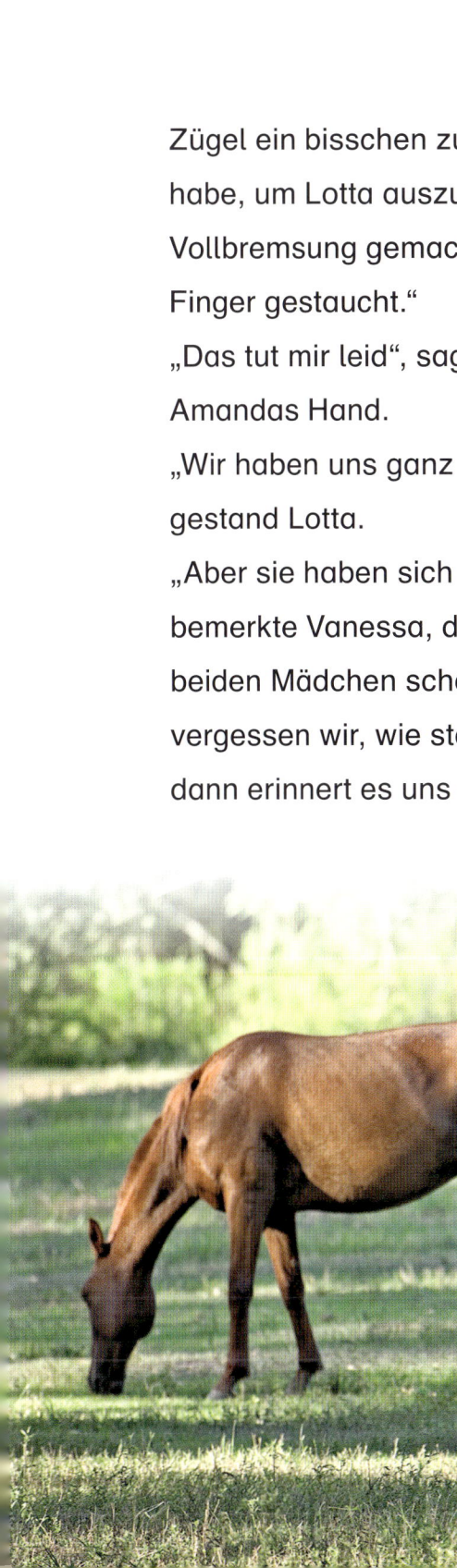

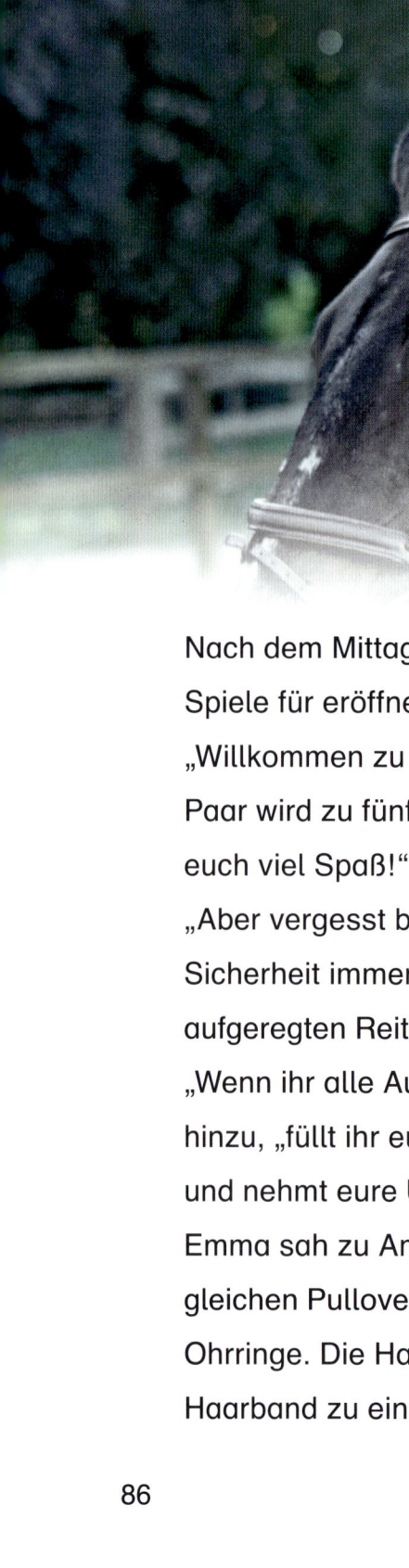

Nach dem Mittagessen erklärte Vanessa die Spiele für eröffnet.

„Willkommen zu unseren Reiterspielen! Jedes Paar wird zu fünf Aufgaben antreten. Ich wünsche euch viel Spaß!"

„Aber vergesst bei all dem Spaß nicht, dass die Sicherheit immer Vorrang hat!", mahnte Katrin die aufgeregten Reitschüler.

„Wenn ihr alle Aufgaben erfüllt habt", fügte Anna hinzu, „füllt ihr eure Punktekarte aus, gebt sie mir und nehmt eure Urkunde in Empfang."

Emma sah zu Amanda hinüber. Sie trug den gleichen Pullover wie Emma, dazu Hufeisen-Ohrringe. Die Haare hatte sie mit einem Haarband zu einem Pferdeschwanz gebunden.

Emma lächelte. Sie fühlte sich, als hätte sie schon gewonnen, bevor die Wettbewerbe auch nur angefangen hatten.

„Nur für die Reiterspiele", betonte Amanda eilig, die ihren Blick bemerkt hatte. „Das ist eine Ausnahme heute. Wir fangen jetzt nicht damit an, immer in den gleichen Sachen herumzulaufen."

„Wir müssen zuerst das Luftballon-Rennen machen", sagte Emma und sah auf ihre Punktekarte. „Das klingt lustig. Komm, wir gehen unsere Pferde holen!"

„Ja." Amanda hakte sich bei ihr ein, als sie zum Stall hinübergingen. „Aber der *richtige* Spaß kommt erst morgen."

Reiterspiele

Diese Spiele zu Pferd machen Spaß und fordern die Geschicklichkeit der Reiter heraus.

Reiterhof Weideglück

Reiterspiele – Aufgaben

Luftballon-Rennen
Ein Zeitrennen, bei dem Luftballons zum Platzen gebracht werden müssen.

Eierlauf
Ein Ei muss auf einem Löffel von einem Punkt bis zum anderen gebracht werden.

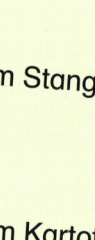
Fahnen
Ein Staffellauf, bei dem Fahnen von einem Reiter an den anderen übergeben werden.

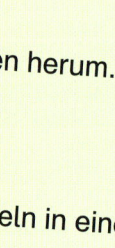
Slalom
Ein Slalomrennen um Stangen herum.

Kartoffeln
Ein Wurfspiel, bei dem Kartoffeln in einen Eimer geworfen werden.

Reiterhof Weideglück

Reiterspiele – Parcours

Luftballon-Rennen

Fahnen

Eierlauf

Mitte

Kartoffeln

Slalom

Reiterhof Weideglück

Reiterspiele – Punktekarte

	Luftballons	Fahnen	Slalom	Kartoffeln	Eierlauf
Amanda					
Emma					

Teamwork
Die Punkte beider Team-Mitglieder werden für das Endergebnis zusammengezählt.

89

Die Reiterspiele wurden ein voller Erfolg.
Amanda und Emma konnten bald auch die letzte
Aufgabe auf ihrer Punktekarte mit einem Häkchen
versehen. „Es liegt bestimmt an
unseren Glücks-Hufeisen",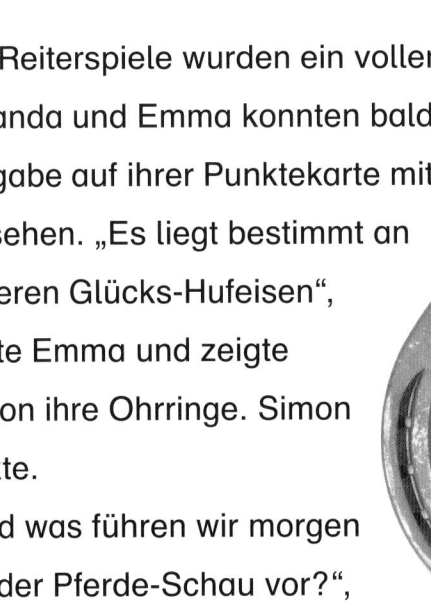
sagte Emma und zeigte
Simon ihre Ohrringe. Simon
nickte.

„Und was führen wir morgen
bei der Pferde-Schau vor?",
fragte Amanda. Sie zückte
Bleistift und Papier und
reichte sie Emma.

„Jeder sucht sich eine
Aufgabe aus", schlug Emma
vor und zeichnete schon.
„Ich nehme die Kartoffeln ..."

„Und ich den Slalom. Und was mein Kunststück
angeht ..." Amanda zeigte auf den Plan. „Könnten
wir hier die Fahnen aufstellen?"

„Klar." Simon machte sich eine Notiz.

„Willst du nicht wenigstens mir sagen, was du
vorhast?", fragte Emma. „Und was ich dabei
machen soll?"

Amanda lächelte geheimnisvoll. „Das besprechen wir morgen bei der Generalprobe. Die anderen Aufgaben haben wir ja schon geschafft und jetzt …" Amanda sah auf die Uhr. „Jetzt ist es Zeit für deinen Filmabend." Emma quietschte begeistert auf.

„Wir schauen uns im Stall *Kleines Mädchen, großes Herz* an, essen Pizza und bringen unsere Pferde ins Bett. Darauf freue ich mich schon den ganzen Tag!"

„Ich würde ja gerne mitmachen", sagte Amanda und zog ihr Haarband heraus. „Aber wir feiern heute eine Abschlussparty. Den letzten Abend möchte ich mit Lotta und den anderen aus meiner Gruppe verbringen. Das verstehst du doch, oder?"

„Heute haben wir ja wirklich viel zusammen gemacht." Emma lächelte und nickte. „Ja, das verstehe ich."

„Und morgen", versprach Amanda, „werden die anderen sich ganz schön warm anziehen müssen!"

Der Stall roch wie immer nach Heu, Pferden und Leder. Aber heute lag außerdem noch der Duft von Pizza in der Luft.

„Also, worum geht es noch mal in dem Film?", fragte Olivia und reichte Emma eine Pizza.

„Um ein wundervolles Pferd natürlich", erklärte Emma und schnappte sich Besteck und Servietten. „Und die Hauptdarstellerin heißt Velvet. Sie gewinnt das Pferd im Lotto und möchte unbedingt …"

„Stopp!" Olivia hielt sich die Ohren zu. „Nicht alles verraten. Es soll doch spannend bleiben."

„Ist hier noch jemand ohne Pizza?", fragte Vanessa. Sie verteilte nicht nur Pizza an alle, sondern auch Obst. Das durfte mit den Pferden geteilt werden.

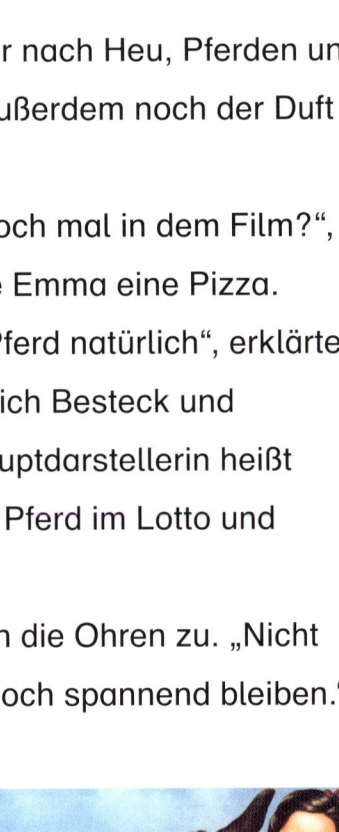

Die Pferde mochten die Gesellschaft und die Leckereien, besonders Zimtstern. Sie steckte immer wieder den Kopf aus ihrer Box, um sich eine Streicheleinheit und noch ein paar Apfelstückchen abzuholen.

Während des ganzen Films kümmerte Emma sich hauptsächlich um Zimtstern und bereitete sie auf morgen vor.

„Da wartet ein anstrengender Tag auf uns", erklärte sie ihr. „Erst die Generalprobe, dann unsere Vorführung der Reiterspiele und irgendein Kunststück, das Amanda geplant hat. Also rechne am besten mit allem – nur nicht mit einem Abschied." Emma wischte sich schnell eine kleine Träne von der Wange. Zimtstern leckte ihr über das Gesicht und versuchte, ihr den Kopf auf die Schulter zu legen.

„Sie will auch nicht auf Wiedersehen sagen", dachte Emma.

„Aber gute Nacht können wir schon sagen", flüsterte sie Zimtstern zu. Emma kraulte Zimtsterns Nacken und küsste sie zum tausendsten Mal.

Kleines Mädchen, großes Herz

1944 erschien der amerikanische Film *Kleines Mädchen, großes Herz* (Originaltitel: National Velvet). Der Regisseur war Clarence Brown. Der Film basiert auf dem 1935 erschienenen Buch *Velvet, das Mädchen mit dem Pferd* von Enid Bagnold. Es erzählt die Geschichte der 12-jährigen Velvet Brown, die in

der Lotterie ein Pferd namens „The Pie" (auf deutsch: Die Pastete) gewinnt. Sie möchte es unbedingt in Englands berühmtestem Hindernisrennen für Pferde reiten, dem *Grand National*. Der ehemalige Jockey Mi Taylor, ein Angestellter ihres Vaters, hilft ihr beim Training. Am Tag des Rennens verkleidet Velvet sich als Jockey, denn Frauen und Mädchen dürfen nicht am Rennen teilnehmen. Velvet und Pie gewinnen das Rennen, aber kurz hinter der Ziellinie wird Velvet ohnmächtig. Ein Arzt findet heraus, dass sie ein Mädchen ist, und Pferd und Reiterin werden zwar disqualifiziert, aber berühmt.

Darsteller

Mickey Rooney
Elizabeth Taylor
Donald Crisp
Jackie Jenkins
Anne Revere
Juanita Quigley
Angela Lansbury

Szenen

Velvet Brown, als Jockey
verkleidet, trifft Mi Taylor kurz
vor dem großen Rennen.

Familie Brown beim Mittagessen mit Mi Taylor, dem
neuen Angestellten.

Verblüffende Fakten

Die Zähne eines Pferdes nehmen mehr Platz in seinem Schädel ein als sein Gehirn.

Pferde haben ein besseres Gedächtnis als Elefanten.

Pferde haben von allen Landlebewesen die größten Augen.

Das Herz eines Pferdes wiegt 4 kg.

Pferde können mit beiden Augen gleichzeitig und mit jedem Auge einzeln sehen.

Es gibt ungefähr 75 Millionen Pferde auf der Welt.

Die Namen Philip und Philippa bedeuten: Pferde-Liebhaber.

Ein Pferd schläft im Durchschnitt zwei bis drei Stunden pro Tag.

In Australien gibt es erst seit 1788 Pferde.

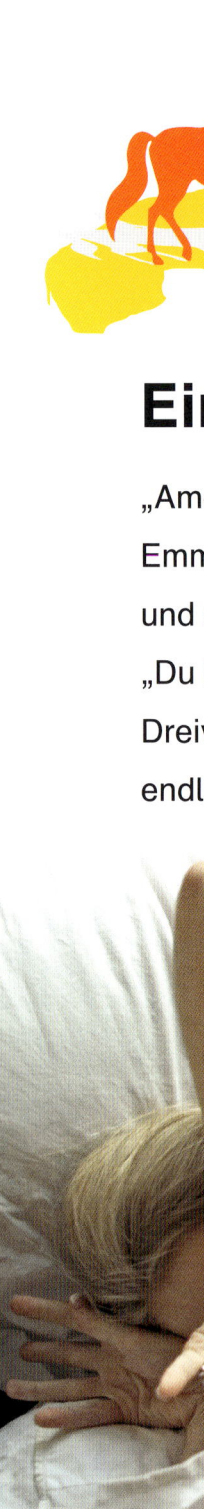

Ein tolles Kunststück

„Amandaaaaaaa!"

Emma beugte sich über das Bett ihrer Schwester und rüttelte unsanft an ihrer Schulter.

„Du hast das Frühstück verpasst! In einer Dreiviertelstunde ist die Generalprobe. Steh endlich auf! Beeil dich!"

„Keine Sorge", murmelte Amanda unter ihrem Kissen hervor. „Ich brauche nur noch ein paar Minuten ... Die Party gestern Abend hat doch etwas länger gedauert als geplant."

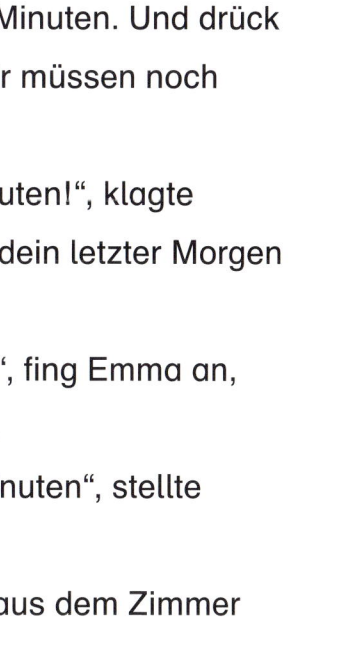

Jetzt wurde Emma klar, wo Amanda gestern so lange geblieben war.

„Ich stelle den Wecker auf 15 Minuten. Und drück ja nicht auf den Aus-Knopf! Wir müssen noch einmal proben und ..."

„Jetzt sind es nur noch 14 Minuten!", klagte Amanda. „Geh schon! Das ist dein letzter Morgen mit Zimtstern!"

„Also, vielleicht nicht, wenn ...", fing Emma an, aber dann unterbrach sie sich.

„Jetzt habe ich nur noch 13 Minuten", stellte Amanda fest.

Emma seufzte. Dann ging sie aus dem Zimmer und lief zur Halle.

„Liebe Zwei- und Vierbeiner", verkündete Vanessa vom Podium aus, „es ist so weit: Heute findet unsere große Pferde-Schau statt. Da könnt ihr euren Familien zeigen, was ihr in den Reiterferien hier auf *Reiterhof Weideglück* gelernt habt. Jetzt nehmt bitte alle eure Plätze für die Generalprobe ein."

„Wir starten mit unseren Anfängern", erklärte Katrin, „und anschließend zeigen die Fortgeschrittenen ihr Können. Danach dürfen alle, die Reiterspiele oder etwas anderes zeigen wollen, in der Mitte der Halle üben."

Emma schaute ständig zum Eingang der Reithalle hinüber. Sie konnte einfach nicht glauben, dass Amanda immer noch nicht da war.

„He!" Olivia kam auf Emma und Zimtstern zugeritten. „Suchst du was?"

„Allerdings! Ich suche Amanda! Ich habe versucht, sie aus dem Bett zu kriegen – vergeblich!" Emma zog ihren Helm fest und seufzte. „Aber vielleicht sollte ich mich jetzt mal um meine eigenen Angelegenheiten kümmern. Oh, wow!" Emma war selber überrascht von dem, was sie da gerade gesagt hatte.

„Du hast in den letzten Tagen offenbar nicht nur
reiten gelernt!"
Olivia grinste.
„Da hast du recht."
Emma richtete sich im Sattel auf und grinste
ebenfalls. „Das habe ich dem Reiterhof und
Zimtstern zu verdanken."
„Und jetzt", fuhr Vanessa fort, „geht es los mit
unserer Pferde-Schau!"

„Wir begrüßen unsere Anfänger", las Vanessa von ihrem Spickzettel vor. „Alle unsere Reiter und Pferde haben vier Tage lang hart trainiert, um die Fertigkeiten zu entwickeln, die sie jetzt hier zeigen werden."

Die Reiter grüßten in Richtung der leeren Bankreihen. In weniger als zwei Stunden würden sie alle besetzt sein.

„Als Erstes zeigen die Reiter ein paar Bahnfiguren", las Vanessa vor.

Emma und Olivia setzten sich an die Spitze der Abteilung und führten ihre Mitreiter durch die Bahn: nach rechts, nach links, auf den Zirkel,

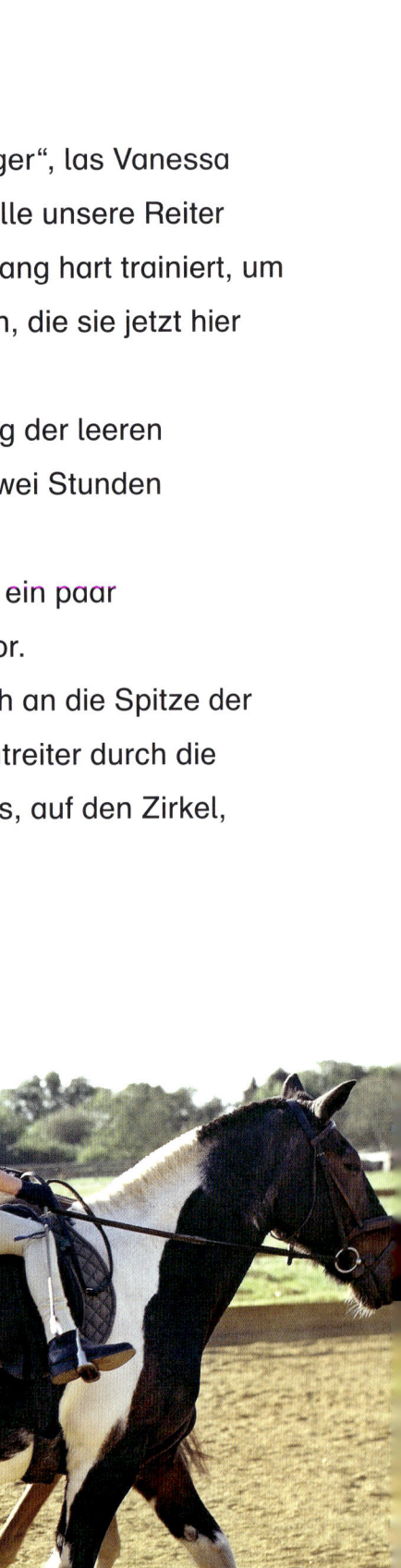

Zügel ein bisschen zu hart angenommen habe, um Lotta auszuweichen, hat Pepper eine Vollbremsung gemacht und ich habe mir die Finger gestaucht."

„Das tut mir leid", sagte Emma und begutachtete Amandas Hand.

„Wir haben uns ganz schön erschrocken!", gestand Lotta.

„Aber sie haben sich schon wieder erholt", bemerkte Vanessa, die noch einmal nach den beiden Mädchen schauen kam. „Manchmal vergessen wir, wie stark so ein Pferd ist. Und dann erinnert es uns daran."

Amanda verpasste die Generalprobe und den ersten Teil der großen Pferde-Schau. Sie schaffte es gerade noch, rechtzeitig zur Vorführung der Reiterspiele zu erscheinen.

„Ich bin da, ich bin da!", rief sie und stieg auf ihr Pferd. „Mama, Papa und Frau Bauer sind auch hier. Sie sitzen in der ersten Reihe. Wir werden toll sein, und mein Kunststück erst, warte nur ab!"

Emma fand ihre Eltern unter den Zuschauern und winkte. „Sollten wir das nicht lieber weglassen? Wir haben doch gar nicht geübt."

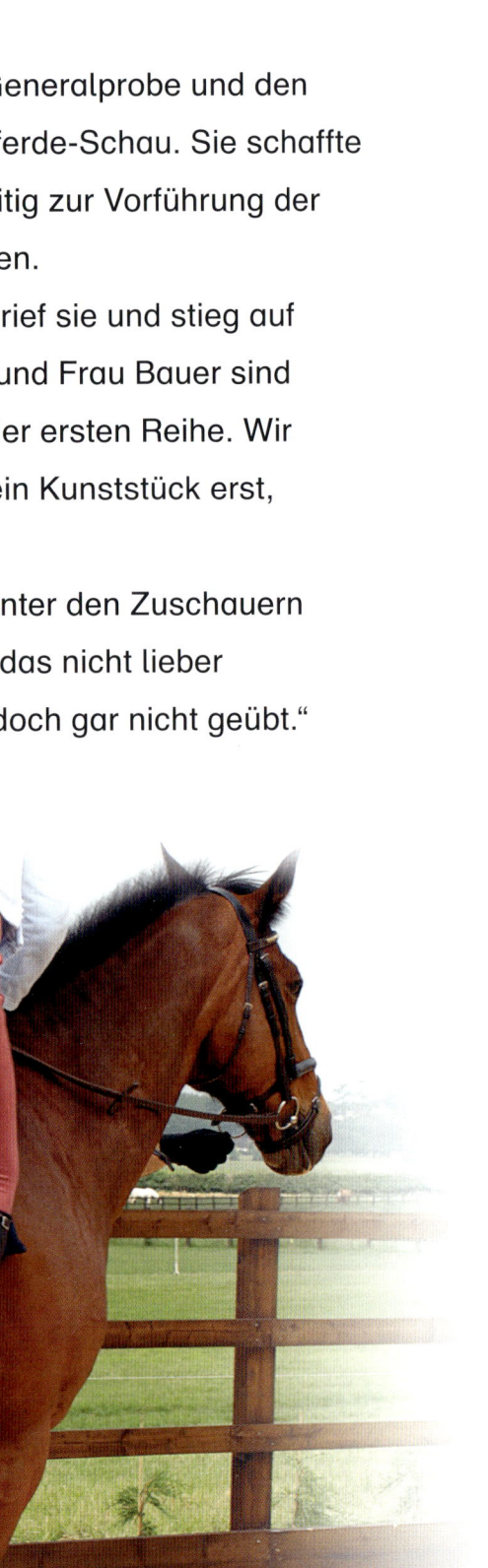

„Und unseren großen Pferdetraum aufgeben?",
fragte Amanda entrüstet.

Emma zögerte. „Was mache ich denn, während
du dein Kunststück vorführst?", fragte sie ihre
Schwester dann.

„Du wartest in der Mitte der Bahn, bis mein … ich
wollte sagen, bis unser Applaus einsetzt. Vertrau
mir."

„Na gut." Emma vertraute ihr.

Normalerweise wünschte sie sich immer, sie wäre
Amanda, aber heute war es anders. Sie fragte
sich, ob Amanda sich überhaupt noch für ihren
gemeinsamen Traum interessierte. Oder nur für
ihren eigenen.

Endlich – als Letzte – waren Amanda und sie an
der Reihe.

„Unsere letzte Darbietung wird gezeigt von zwei
Schwestern aus Neuendorf", kündigte Vanessa
an. „Begrüßen wir mit einem gemeinsamen
Applaus Amandaaa und Emmaaa!"

Als Erstes ritt Amanda auf die Stangen zu.
Emma folgte ihr auf Zimtstern. Nacheinander
umrundeten Emma und Amanda die Stangen mit
einer Geschicklichkeit, die sie selber erstaunte.

„Sieht gut aus, Emma!", strahlte Amanda.

„Und jetzt geht's an die Kartoffeln."

„Eine Kartoffel", zählte Emma und nahm eine
in die Hand. Sie ritt hinüber zum Eimer und warf
die Kartoffel hinein. Dann holte sie die nächste.

„Zwei Kartoffeln, drei, vier Kartoffeln!"

Amanda raste an Emma vorbei, um eine weitere
Kartoffel zu holen. Mit jeder Kartoffel wurde sie
schneller.

Emma begann, sich Sorgen zu machen.

„Langsamer, Amanda", zischte Emma ihr zu.

„Du verdirbst noch alles."

„Unsinn", brummte Amanda. „Mach dich bereit für meine Vorführung."

Die Zuschauer, kräftig angefeuert von Simon und Olivia, wurden immer lauter.

Mit klopfendem Herzen wartete Emma darauf, dass Amanda ihr Kunststück vorführte.

„Sieh her!" Amanda raste zu den drei Fahnen, die in einer Tonne steckten. Sie nahm eine heraus und brachte sie Emma. Dann kehrte sie wieder um und holte die anderen beiden.

Und dann stand Amanda auf einmal mit ausgestreckten Armen in ihren Steigbügeln, eine Fahne in jeder Hand, und ritt in perfekter Balance einmal um die Halle.

Emma hielt den Atem an. Amanda sah einfach toll aus.

Die Zuschauer applaudierten und pfiffen.

Amanda hob ihre Arme und sah aus, als wollte sie in den Himmel greifen.

„Du meine Güte!" Emma fragte sich, wo Amanda das wohl gelernt hatte und was noch alles kam.

Doch plötzlich rutschte Amanda mit dem rechten Fuß aus dem Steigbügel.

Sie verlor das Gleichgewicht und fiel nach vorne.

Amanda warf die Fahnen zur Seite und konnte sich gerade noch seitlich an ihr Pferd klammern, das immer noch schneller wurde.

Die Zuschauer verstummten vor Schreck. Ihre Eltern erstarrten. Niemand rührte sich mehr – nur Emma.

„So war das wohl nicht geplant, Zimtstern, aber egal", flüsterte sie und drückte ihrem Pferd die Fersen in die Seite. Gemeinsam eilten sie Amanda zu Hilfe. Emma nahm ihren linken Fuß aus dem Steigbügel und machte Amanda ein Zeichen. „Nimm meine Hand und setz deinen Fuß in den Bügel."

Amanda folgte der Anweisung und schwang sich von ihrem eigenen Pferd auf Emmas Pferd herüber. Zusammen ritten sie auf Zimtsterns Rücken durch die Halle.

Die Zuschauer sprangen auf die Füße und applaudierten wild.

„Also, das nenne ich eine wirklich atemberaubende Vorführung!", rief Vanessa.

„So was bekommen Sie nur auf dem *Reiterhof Weideglück* zu sehen!"

Reiter-Wettkämpfe

Dressur
Hier werden Ausbildung, Gehorsam und Geschmeidigkeit des Pferdes gezeigt.

Springen
In möglichst kurzer Zeit müssen verschiedene Hindernisse bewältigt werden.

Flachrennen
Rennen auf einer flachen Bahn, bei dem Geschwindigkeit und Ausdauer zählen.

Hindernisrennen

Ein Rennen mit eingebauten Hindernissen. Man nennt es auch Jagdspringen.

Polo

Ein Ballspiel, in dem zwei Teams mit langen Schlägern Bälle ins Tor schlagen müssen.

Gespannfahren

Mehrere Pferde ziehen einen leichten Wagen um Hindernisse herum und durch Gräben.

Mit Pferden arbeiten

Seit Jahrtausenden nutzen Menschen das Pferd als Arbeitstier, denn es ist schnell, stark und ausdauernd.

Kutschpferde

Seit dem Mittelalter werden Kutschen von Pferden gezogen. Diese tragen dabei ein spezielles Geschirr. Heute zeigen diese beeindruckenden Pferde ihr Können bei Wettbewerben.

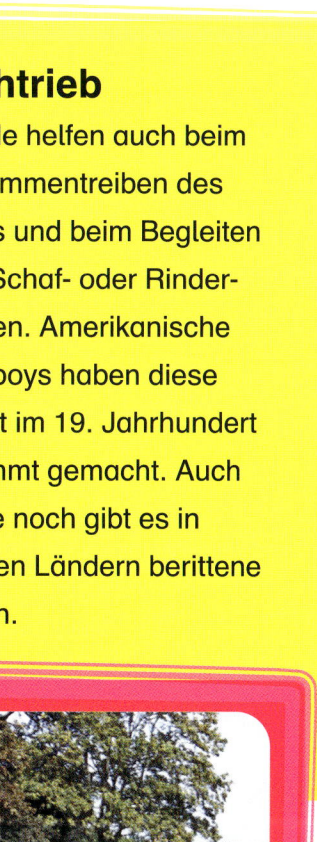

Viehtrieb

Pferde helfen auch beim Zusammentreiben des Viehs und beim Begleiten von Schaf- oder Rinder- herden. Amerikanische Cowboys haben diese Kunst im 19. Jahrhundert berühmt gemacht. Auch heute noch gibt es in einigen Ländern berittene Hirten.

Landwirtschaft

Es ist noch gar nicht lange her, da waren Pferde die wichtigsten Helfer in der Landwirtschaft. Sie zogen den Pflug, trugen Lasten und halfen beim Einbringen der Ernte.

Pferde in Not

Wir kämpfen für bessere Lebensbedingungen von Tausenden von Pferden weltweit. Unterstütze uns und werde Pferdepate.

Wie wir Pferden helfen

 Entwicklung von Medikamenten und Impfstoffen

Förderung artgerechter Haltung

Betreiben von Gnadenhöfen

Ausbau des Reitwegenetzes

Kampagne für mehr Sicherheit

Rettung vernachlässigter Pferde

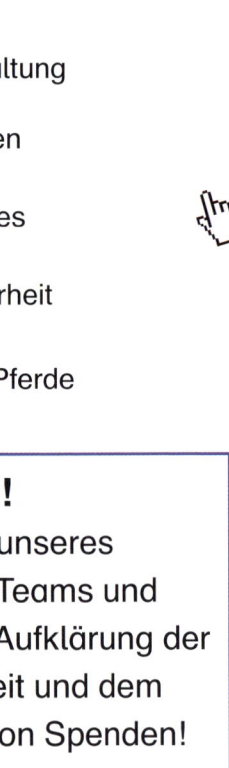

Mach mit!
Werde Teil unseres weltweiten Teams und hilf bei der Aufklärung der Öffentlichkeit und dem Sammeln von Spenden!

Mehr Info >

Reitwege

Das Geländereiten soll sicherer werden durch ein weites Reitwege-netz. Wir setzen uns dafür ein, dass Reitwege zugänglich gemacht und instand gehalten werden.

Mehr Info >

Impfungen

Krankheiten sind eine große Bedrohung für Pferde. Impfungen und bessere Haltungsbedingungen helfen, die Ausbreitung von Krank-heiten zu verhindern.

Mehr Info >

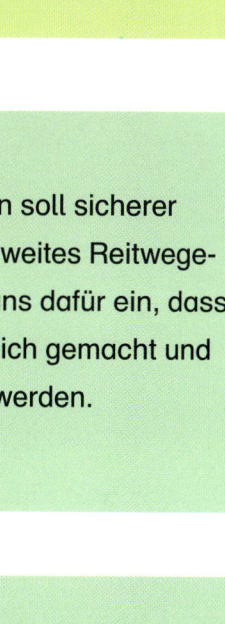

Sportpferde

Wir arbeiten mit allen zusammen, die Sportpferde besitzen, trainieren, reiten und versorgen. Auch aus-gediente Pferde haben eine ver-antwortungsvolle Versorgung verdient!

Mehr Info >

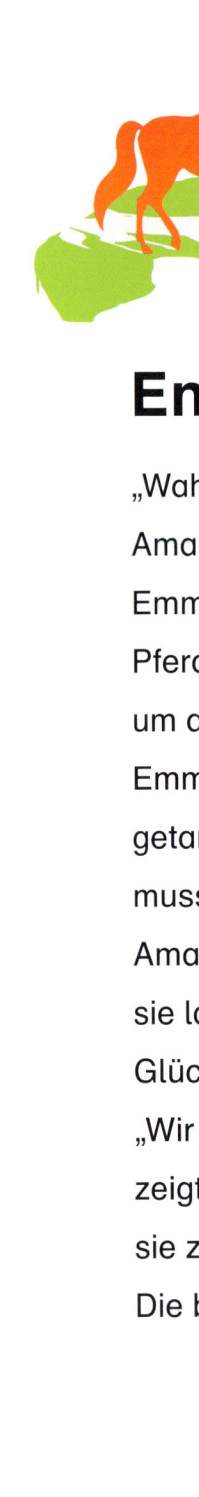

Ende gut...

„Wahnsinn! Wie bist du denn darauf gekommen?"
Amanda stieg völlig schockiert vom Pferd.

Emma stieg ebenfalls ab. Simon, der Amandas
Pferd schon eingefangen hatte, kam auf sie zu,
um auch Zimtstern zurück in den Stall zu führen.

Emma zuckte mit den Schultern. „Ich habe es
getan, ohne nachzudenken", sagte sie. „Ich
musste dir doch helfen."

Amanda legte die Arme um Emma und drückte
sie lange und fest. „Was habe ich doch für ein
Glück, dass du meine Schwester bist!"

„Wir haben beide Glück", sagte Emma. Dann
zeigte sie auf eine Gruppe von Leuten, die auf
sie zugestürzt kam.

Die beiden erstarrten.

„Wo zum Teufel habt ihr denn dieses Kunststück gelernt?", fragte Vanessa.

Sie heftete Emma und Amanda zwei Rosetten an.

„Ich kann mich nicht erinnern, so etwas in all den Jahren jemals bei einer Pferde-Schau gesehen zu haben", gestand Katrin.

Emmas und Amandas Eltern sagten beide gleichzeitig: „Ich kenne da eine Bäckerei, die euch gerne unterstützen würde."

„Wie wäre es, wenn Sie gleich den ganzen Pony-Klub unterstützen?", fragte Frau Bauer. „Wenn ich das auf die Schul-Webseite setze, rennen uns die Leute bestimmt die Türen ein. Da können Sie viel Gutes tun."

„Apropos, Gutes tun", sagte Emmas Mutter und zog Emma beiseite. „Anna hat mir erzählt, dass du bei der Reittherapie mithelfen willst. Das gefällt mir. Ich denke, ich kann dich ab und zu für einen Nachmittag hierherfahren."

„Wirklich?" Emma schmolz dahin bei dem Gedanken, was sie in Zukunft alles machen konnte. Vielleicht sogar irgendwann ein eigenes Pferd …? „Meinst du …?"

„Natürlich kann ich deinen Vater nicht ständig in der Bäckerei allein lassen", sagte Emmas Mutter lächelnd. „Aber wir werden sehen, was möglich ist."

„Darf ich schnell zu Zimtstern und es ihr erzählen?" Emma spurtete zum Stall, ohne die Antwort abzuwarten.

„Hier werden deine Pferdeträume wahr!", rief Emma und schlang die Arme um Zimtsterns Hals. „Da haben sie nicht zu viel versprochen!"

Das Pony-Klub-Quiz

Hast du die Geschichte aufmerksam gelesen und kannst diese Fragen beantworten?

1. Wie heißt die Bäckerei von Emmas Familie?

2. Wozu benutzt man eine Wurzelbürste?

3. Wie lautet das Versprechen von *Reiterhof Weideglück*?

4. Trägst du einen Sattel mit dem Vorderzwiesel Richtung Ellbogen oder Richtung Hand?

5. Ist der Galopp eine Bewegung im Dreitakt oder im Viertakt?

6. Wie nennt man Reitkurse für behinderte Kinder und Erwachsene?

7. Wie heißt der Film, den sich die Kinder im Reitstall ansehen?

8. Welche Dinge werden für die Reiterspiele verwendet?

9. Was bedeuten die Namen „Philip" und „Philippa"?

10. Wie nennt man den Reiter-Wettkampf, in dem es vor allem auf Ausbildung, Gehorsam und Geschmeidigkeit des Pferdes ankommt?

11. Welche Pferderasse wurde durch die amerikanischen Cowboys bekannt?

12. Was benutzt Amanda für ihr Kunststück?

13. Wie viele Beine hat das magische Pferd des Gottes Wotan?

14. Wie hießen die beiden Pferde, die Aimé Tschiffely mit auf die Reise nahm?

15. Wie viel wiegt das Herz eines Pferdes?

Antworten auf Seite 125

Gründe einen Pony-Klub

Hast du viele Freundinnen und Freunde,
die Pferde lieben? Dann gründe doch deinen
eigenen Pony-Klub!

1 Ziele

Schreibe auf, warum ihr
den Klub gründen wollt.
Hier sind Beispiele:

• Wir wollen Pferderassen
kennenlernen.
• Wir möchten Pferden
helfen.
• Wir möchten spannende
Pferdegeschichten
lesen und austauschen.

2 Treffen

Ihr könnt ein
regelmäßiges Treffen
einmal im Monat verein-
baren. Der Ort könnte
z. B. ein Klassenzimmer
oder das Zimmer eines
Mitglieds zu Hause sein.
Ab und zu könnt ihr
euch vielleicht auch in
der Eisdiele oder einem
anderen Ort treffen.

3 Werbung

Entwerft Flugblätter, um für euren Pony-Klub
zu werben. Schreibt eine Kontaktperson und
eine Telefonnummer darauf. Fragt in der Schule,
ob ihr die Flugblätter dort verteilen dürft.

4 Das Programm

Bei euren Treffen könntet ihr:

- Reitlehrer, Züchter, Tierärzte oder Pferdebesitzer als Gäste einladen.
- eigene Pferde-T-Shirts, Armbänder, Ohrringe, Bilder oder Basteleien herstellen.
- Pferdefilme anschauen oder über Pferdebücher reden.
- herausfinden, welche Gruppen und Verbände sich mit Pferden beschäftigen.

5 Ausflüge

Ab und zu solltet ihr einen Ausflug planen. Ihr könnt beispielsweise gemeinsam zu einem Turnier gehen, einen Hufschmied oder Sattelmacher besuchen oder einen Reitstall besichtigen.

6 Spenden sammeln

Vielleicht möchtet ihr Geld sammeln, um Pferden zu helfen, oder für eure Ausflüge. Dafür könnt ihr z. B. Kuchen backen und verkaufen, Autos waschen oder im Reitstall aushelfen.

7 Zukunftspläne

Gemeinsam auf ein Ziel hinzuarbeiten schweißt zusammen. Was könnte euer Ziel sein?
Was möchtet ihr gerne zusammen erreichen?

Begriffe

Box
Abteil in einem Pferdestall, das mit Stroh oder Spänen ausgestreut wird. Die Box für ein Pony sollte mindestens 2 x 3 m groß sein, die für ein Großpferd 3 x 4 m.

Gnadenhof
Auf einem Gnadenhof werden Pferde (auch andere Tiere) versorgt, die von ihren Besitzern verlassen oder vernachlässigt wurden. Oft landen auch alte Tiere dort, die sonst zum Schlachter kämen.

Kaltblut
Ein besonders großer, schwerer und starker Typ Pferd mit einem ruhigen, ausgeglichenen Charakter. Viele Kutschpferde sind Kaltblüter.

Longe
Ein langes Seil, das in die Trense des Pferdes eingehakt wird. Das Pferd läuft im Kreis um eine Person herum, die die Longe hält. So kann das Pferd auch ohne Reiter trainiert werden.

Nüstern
Die Nasenlöcher eines Pferdes.

Pensionsstall
Ein Pensionsstall bietet Pferdeboxen zur Miete an. Gegen Gebühr kann der Besitzer sein Pferd dort einstellen. Meist gehören auch das tägliche Misten und Füttern und der Weidegang dazu.

Pony
Jede Pferderasse mit einem Stockmaß unter 1,48 m gilt als Pony. Ponys unterscheiden sich jedoch auch charakterlich von Großpferden: Sie haben oft ihren eigenen Kopf.

Rasse
Unterteilung einer ähnlichen Art von Pferd bzw. Lebewesen durch bestimmte Merkmale wie Größe, Farbe und Eigenschaften.

Reittherapie
Ein besonderer Reitunterricht für Menschen mit einer Behinderung.

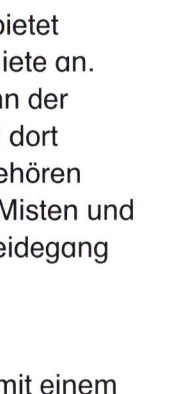

Reitweg
Ausgeschilderter Weg ohne Asphalt oder Schotter, den Reiter benutzen dürfen.

Sattelgurt
Ein breiter Gurt zur Befestigung des Sattels auf dem Pferderücken. Er wird am Sattel verschnallt und unter dem Pferdebauch durchgezogen.

Steigbügel
Ein Bogen aus Metall mit einer Trittfläche für die Füße des Reiters. Er wird mit einem Ledergurt am Sattel befestigt.

Trense
Einfache Zäumung aus Gebiss und Zügel.

Vollblut
Vollblutpferde sind zierliche, sehr temperamentvolle, aber schnelle und ausdauernde Pferde. Alle Rennpferde sind Vollblüter.

Vorderzwiesel
Das vordere Stück an der Oberseite eines Sattels.

Warmblut
Warmblutpferde sind aus einer Mischung von Kaltblut mit Vollblutpferden entstanden. Sie eignen sich sehr gut als Sportpferde.

Widerrist
Das Genick des Pferdes, eine Erhebung zwischen Hals und Rückenansatz.

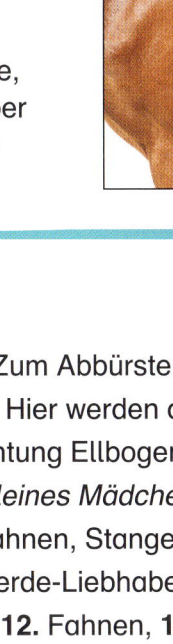

Antworten

1. *Süße Träume,* **2.** Zum Abbürsten von trockenem, grobem Schmutz, **3.** Hier werden deine Pferdeträume wahr! **4.** Richtung Ellbogen, **5.** Im Dreitakt, **6.** Reittherapie, **7.** *Kleines Mädchen, großes Herz,* **8.** Löffel und Eier, Fahnen, Stangen, Luftballons und Kartoffeln, **9.** Pferde-Liebhaber, **10.** Dressur, **11.** Quarter Horses, **12.** Fahnen, **13.** Acht, **14.** Mancha und Gato, **15.** 4 Kilogramm.

Liebe Eltern,

Lesen macht Spaß! Denn es gibt so viele spannende Geschichten. Und Lesen ist sehr nützlich, denn viele Informationen erschließen wir uns lesend.

Mit den **SUPER**LESER!-Büchern für Erstleser möchten wir Ihrem Kind genau das vermitteln. Die Leseabenteuer in vier verschiedenen Lesestufen verbinden wunderbar spannende Geschichten mit vielen interessanten und nützlichen Sachinformationen in unterschiedlichen Textformen.

In den ersten beiden Lesestufen sind die **Sprechsilben der Wörter farbig markiert.** Das erleichtert den Einstieg ins Lesen, weil die Wörter dadurch besser zu verstehen sind.

Mit diesen Tipps und Informationen können Sie Ihr Kind dabei unterstützen, dass es begeistert und erfolgreich lesen lernt:

Haben Sie Geduld! Nicht jedes Kind ist eine geborene Leseratte und manche brauchen etwas länger, um sich mit dem Lesen anzufreunden. Lesen Sie Ihrem Kind vor. Dabei bekommt es ein Gefühl für ausdrucksstarke Sprache und richtige Betonung. Fragen Sie es immer wieder einmal, ob es Ihnen vorlesen möchte.

Je mehr, desto besser! Mit jedem Text, den Ihr Kind liest – sei es ein Gedicht, eine Geschichte oder ein Sachtext –, werden sich seine Lesefähigkeit, sein Gefühl für Sprache und sein Verständnis schwieriger Wörter weiterentwickeln. Am besten liest es regelmäßig, aber nur so lange, wie es mag. Dabei reichen am Anfang zehn Minuten völlig aus.

Nicht zu schnell! Achten Sie darauf, dass Ihr Kind sich Zeit nimmt, jedes Wort in Ruhe auszusprechen und seine Bedeutung zu verstehen. Die Sachtexte sind für Ihr Kind etwas schwerer zu lesen als die erzählenden Passagen. Loben Sie Ihr Kind, wenn es sich ein schwieriges Wort erschlossen hat oder einen Satz noch einmal anders betont liest, nachdem es den Sinn verstanden hat.

Seien Sie ein guter Zuhörer! Wenn es bereit ist, lassen Sie Ihr Kind laut vorlesen und hören Sie ihm aufmerksam zu. Unterbrechen Sie es nur, wenn es wirklich nötig ist. Oder machen Sie zwischendurch, zum Beispiel vor Beginn eines neuen Kapitels, kleine Pausen, in denen Sie über das Gelesene sprechen. Auch die Quizfragen am Buchende bieten eine spielerische Möglichkeit, das Textverständnis zu überprüfen.

Geteilte Freude ist doppelte Freude! Laden Sie andere Zuhörer und Vorleser – Geschwister, Großeltern oder gute Freunde – ein: Lesen Sie mit verteilten Rollen oder veranstalten Sie einen Lesenachmittag. Nach der ersten Aufregung werden Stolz und Freude an den geteilten Geschichten überwiegen.

Seien Sie Vorbild! Wenn Sie selbst viel lesen, wird auch Ihr Kind dies als selbstverständliche und erfüllende Beschäftigung kennenlernen.

Spaß muss sein! Wählen Sie die Bücher und Texte nach den Interessen Ihres Kindes aus. Das erhöht die Lust aufs Lesen und sorgt für lang anhaltende Motivation.

Wir wünschen Ihnen und Ihrem Kind viel Freude beim gemeinsamen Lesen!

Dank und Bildnachweis

Der Verlag dankt folgenden Personen und Organisationen für die freundliche Genehmigung zum Abdruck von Fotos:

(Abkürzungen: o = oben, m = Mitte, u = unten, g = ganz, l = links, r = rechts)

1 Pearson Asset Library: Gareth Boden. **5 Dreamstime.com:** Tchernyaeva8 (u). **11 Pearson Asset Library:** Gareth Boden (mro). **21 Pearson Asset Library:** Naki Kouyioumtzis (u). **22 Pearson Asset Library:** Naki Kouyioumtzis (u). **24 Corbis:** David Chapman / Design Pics (gol). **32-33 Dreamstime.com:** Isselee (m). **35 Dreamstime.com:** Isselee (ur). **45 Dreamstime.com:** Cherkas (ur). **46 Dreamstime.com:** Yobro10 (gol). **50 Dorling Kindersley:** W&H Gidden Ltd (gom). **64 Corbis:** ABK / BSIP (u). **65 Corbis:** ABK / BSIP (ur). **Getty Images:** Boston Globe (ml). **66 Corbis:** Kit Houghton (ml). **67 The Long Rider's Guild (www.thelong-ridersguild.com / www.aimetschiffely.org):** (gor). **80 Corbis:** Stapleton Collection (ml); The Gallery Collection (mr). **81 Corbis:** Bettmann (ul). **90 Getty Images:** Photodisc / Thomas Northcut (mr). **92 Alamy Images:** Moviestore collection Ltd (mr). **94 Getty Images:** Archive Photos / Moviepix (l). **95 Getty Images:** Mondadori (ul); Archive Photos / Moviepix (gor, mr). **98 Corbis:** Jasper Cole / Blend Images (ul). **106 Pearson Asset Library:** Coleman Yuen (mu). **109 Corbis:** Stefanie Grewel / cultura. **111 Corbis:** Dan Rowley / Colorsport (gol); Michele Eve Sandberg (mr). **112 Alamy Images:** South West Images Scotland (m). **113 Getty Images:** Danita Delimont / Gallo Images (gol). **114 Corbis:** Kit Houghton (l). **115 Alamy Images:** Marn Gorin (ml). **Getty Images:** Alexis Duclos / Gamma-Rapho (ul). **119 Corbis:** Sandra Seckinger.

Cover: *Vorn:* **Getty Images:** Westend61.
Alle anderen Abbildungen © Dorling Kindersley

SUPERLESER! EXTRALEICHT
Ich werde **Ballerina**

SUPERLESER! EXTRALEICHT
Lina im **Streichelzoo**

SUPERLESER! LESESTUFE
Alarm im **Dino-Museum**

SUPERLESER! LESESTUFE
BATMAN
BATMANS WELT

SUPERLESER! EXTRALEICHT
Sophie bei den **Pferden**

SUPERLESER! EXTRALEICHT
STAR WARS
WER SIND DIE **JEDI-RITTER?**

SUPERLESER! LESESTUFE
Hallo, **Igel!**

SUPERLESER! LESESTUFE
Insekten top getarnt

SUPERLESER! EXTRALEICHT
Vorsicht, **Dinos!**

SUPERLESER! EXTRALEICHT
Willkommen **kleiner Hund!**

SUPERLESER! LESESTUFE
Tiere des **Regenwalds**

SUPERLESER! LESESTUFE
STAR WARS THE **MANDALORIAN**
GROGUS ABENTEUER

SUPERLESER! EXTRALEICHT
WOOZLE GOOZLE
UMWELTHELD

SUPERLESER! EXTRALEICHT
Zu Besuch bei den **Affen**

SUPERLESER! LESESTUFE
Wo bist du **kleiner Delfin?**

SUPERLESER! LESESTUFE
WOOZLE GOOZLE
WELTRAUMABENTEUER

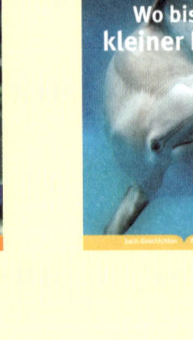